Gartenobjekte

Gartenobjekte

Ideen und Projekte aus Metall,
Glas, Holz und Stein

Geraldine Rudge
Spezialfotografie von Jacqui Hurst

Inhalt

Einführung 6

Metall und Draht **8** Glas **30** Holz **52**

Weidenruten & Schlagholz **74**   Mosaik **96**   Schiefer, Kiesel & Muscheln **118**

Künstlerverzeichnis 140

Weiterführende Literatur 141

Index 142

Danksagung 144

Einführung

Kunsthandwerk und Gartenbau gehen Hand in Hand. Bei beiden handelt es sich um künstlerische Tätigkeiten, bei denen Hand, Auge und Geist zusammenarbeiten müssen. Im Gegensatz zur gesichtslosen Massenproduktion ist das Kunsthandwerk ähnlich wie der Gartenbau eine organische Tätigkeit, die sich durch Originalität und Fantasie auszeichnet. Die Beziehung zwischen Kunsthandwerk und Gartenbau geht Tausende von Jahren zurück, angefangen bei den Gärten der ägyptischen Pharaonen über die Gartenanlagen in den Palästen der italienischen Renaissance, die Entwürfe des *Arts and Crafts Movement* Ende des neunzehnten Jahrhunderts bis hin zu den aktuellen minimalistischen Räumen in den Städten.

Die Kunsthandwerker von heute erkunden die Grenzen ihrer Kunst und kombinieren traditionelles Handwerk und moderne Technologie. Ländliche Fertigkeiten wie Korbflechterei und Arbeiten aus Fundholz haben Auftrieb erhalten, während Schiefer und Glas, die einst für große Arbeiten eingesetzt wurden, heute öfter für kleinere Projekte verwendet werden.

Beim Gartenbau geht es um persönlichen Ausdruck und das Schaffen von Illusionen. Dieses Buch soll als Inspirationsquelle dienen. Es deckt alle wichtigen Kunsthandwerke im Zusammenhang mit dem Gartenbau ab, von altbekannten Mosaikarbeiten bis hin zu wiederentdeckten Fertigkeiten wie etwa die Arbeit mit Kieseln. Neben einer geschichtlichen Einführung in die Kunstbereiche werden Beispiele von Objekten für Gärten vorgestellt. Das Buch liefert Informationen zu Material und Werkzeug sowie Tipps zu Grundtechniken. Zwölf leicht nachzuarbeitende Projekte von führenden Künstlern dienen als Anregung. Heute stehen Gärten im Mittelpunkt von neuen Arbeiten, und Künstler und Kunsthandwerker kreieren eine lebendige Landschaft, indem sie Gartenanlagen und Design nachhaltig beeinflussen. Indem Sie gärtnern, sind Sie im Grunde bereits künstlerisch tätig.

Metall ist eins der vielseitigsten Materialien überhaupt. Im weichen Zustand kann man es schmieden oder geschmolzen in Formen gießen. Dekorationen lassen sich durch Bemalen oder Polieren, Schneiden, Verdrehen, Durchlöchern oder Gravieren hinzufügen. Metall lässt sich als Guss- oder Schmiedeeisen zu dauerhaften Arbeiten oder zu kurzlebigen Flechtwerken aus Draht verarbeiten. Durch seine Langlebigkeit ist Metall ein ideales Gartenmaterial, wenn es vor Rost geschützt wird. Es erhält im Lauf der Zeit eine schöne Patina.

Metall und Draht

Links: Draht, der in vielen Stärken erhältlich ist, kann gebogen, verdreht, geknotet oder verwebt werden, um eine Reihe von Arbeiten für den Garten zu kreieren. **Oben:** Das Gänseblümchen-Design und die flüssigen Linien dieses schmiedeeisernen Tores haben einen naiven Charme. Dieses für einen Garten in Südafrika hergestellte Beispiel zeigt, dass Eisenarbeiten sowohl modern als auch ländlich aussehen können.

Metall und Draht

Rechts: Diese Illustration des Gartens eines Adligen im Mittelalter aus *Roman de la Rose* (um 1485) zeigt einen Brunnen und ein Tor aus Metall.

Ganz rechts: Dieses dekorative schmiedeeiserne Detail demonstriert die Kunstfertigkeit des Schmiedes. Die Schnörkel und symmetrischen Linien sind das Kennzeichen des traditionellen Handwerkers.

Metall und Draht – Geschichtliches

Metall ist ein Sammelbegriff für die verschiedensten Materialien wie Kupfer, Blei, Eisen, Stahl, Bronze, Zinn, Zink, Aluminium und Nickel. Die Kunst des Metallhandwerks ist uralt, und seine Bedeutung im Verlauf der Zeit lässt sich an Namen wie Bronze- und Eisenzeit ablesen, die man den alten Zivilisationen gegeben hat. Dabei handelt es sich um die geschichtlichen Perioden, in denen die Schmelzverfahren zur Produktion des jeweiligen Metalls erstmals entdeckt wurden.

Einige der bedeutendsten Werke in der Gartenkunst wurden aus Metall geformt: schmiedeeiserne Tore, Statuen, Brunnen und Urnen. Im dreizehnten Jahrhundert hatten Gärten, die dem Vergnügen und nicht dem Anbau von Nutzpflanzen dienten, für Adlige und Monarchen große Bedeutung. In diesen Gärten waren metallene Ornamente eine Seltenheit, aber Bronze (die sich leicht schmelzen ließ) und Blei wurden eingesetzt. Aufgrund der Schwierigkeiten bei der Gewinnung galt Eisen bis Ende des Mittelalters als wertvolles Material und wurde daher in Gärten nur sparsam verwendet. Beispiele solcher Arbeiten sind nicht erhalten, aber aus Illuminationen der damaligen Zeit sind uns ornamentale Bleibrunnen, Zisternen und Teichauskleidungen, Bronzeskulpturen und Formen aus Draht, mit deren Hilfe Bäume beschnitten wurden, bekannt.

Auch Draht war ein wertvolles Material, weil er in einem arbeitsintensiven Verfahren von Hand gefertigt werden musste. In der damaligen Zeit diente Draht hauptsächlich zur Herstellung von Kettenpanzern und als Garn für Wandteppiche.

Vor der industriellen Revolution war den Schmieden die Aufgabe zugekommen, Metallartikel für den Garten sowie architektonische Details zu entwerfen. Doch im Mittelalter bestand ihre Hauptaufgabe in Europa darin, Metalldekorationen für die großen Kathedralen wie Notre-Dame in Paris oder Canterbury Cathedral in Kent zu schaffen und für die Reichen durch die Herstellung von Gitterfenstern und Türscharnieren für Sicherheit zu sorgen. Im vierzehnten Jahrhundert konnten die Schmiede mit fertigen Blöcken aus Eisen und Eisenblech kunstvollere Entwürfe schaffen. Als im nächsten Jahrhundert effizientere Gussmethoden entstanden und Eisengießereien gegründet wurden, hatte Gusseisen in ganz Europa bald Vorrang.

Der barocke Schutzschirm in Hampton Court ist Beweis für ein Niveau der Kunstfertigkeit und Innovation, das eine neue Ära für Schmiedearbeiten einleitete. Er wurde von 1689 bis 1699 von dem Hugenotten-Flüchtling Jean Tijou für William und Mary, das englische Königspaar,

Metall und Draht

gearbeitet. Tijou führte bei der Arbeit mit Metall revolutionäre Methoden ein. So verzierte er Schmiedeeisen, indem er Blech einsetzte, um kunstvolle Motive wie Masken und Akanthusblätter aufzuprägen, die oft vergoldet wurden. Unter seinem Einfluss setzte in England für Schmiedearbeiten ein glanzvolles Zeitalter ein.

Im siebzehnten Jahrhundert kam es auch in Frankreich zu einer Wiederbelebung von Metallarbeiten. Ludwig XIII. unterstützte die technische wie auch künstlerische Entwicklung. Metallarbeiten erlebten unter Ludwig XIV. weiter eine Blüte und erreichten im Palast von Versailles und den dort angelegten Gärten einen Höhepunkt.

Vor der Einführung des Bleigusses Ende des siebzehnten Jahrhunderts war Blei vor allem für Wasserleitungen oder -behälter wie Rohre, Dachwerk, Taufbecken und Brunnen eingesetzt worden. Der Bleiguss führte zu einer vermehrten Herstellung von Gartenornamenten und der verbreiteten Einführung von Wasserspielen. Einflussreiche Metallwerker wie der holländische Bildhauer Jan Van Nost produzierten Gartenschmuck wie Bleiurnen und Statuen und sogar Kühe in Lebensgröße. Solche Werke waren die perfekte Ergänzung für Gärten im holländischen Stil. Totenurnen erhielten ein elegantes Umfeld, während Statuen, die bemalt wurden, damit sie wie Stein oder Marmor aussahen, als Überraschungselemente eingesetzt wurden.

Metall und Draht

Aufgrund der industriellen Fortschritte wurde Metall im achtzehnten Jahrhundert immer häufiger eingesetzt, aber gegen Ende des Jahrhunderts war Gusseisen beim Architektur- und Gartendesign vorherrschend. Diese Technik ermöglichte die Massenproduktion, und mit Hilfe von Gusseisen konnten Konstruktionen wie Gartengebäude, Laubengänge und Pergolen schnell hergestellt werden. In der Mitte des neunzehnten Jahrhunderts waren die Techniken so weit fortgeschritten, dass fast alles mit Metall kopiert werden konnte. Brunnen, Blumenschalen, Statuen und Sitzgelegenheiten wurden aus Gusseisen geformt, wobei oft andere Materialien wie Stein und Holz imitiert wurden. Organische Motive wie Girlanden, Blumen und Blätter waren als Oberflächendekoration besonders beliebt.

Die Massenproduktion von Draht war ein weiterer Nutzen der industriellen Revolution, und die Drahtwarenmode erreichte im neunzehnten Jahrhundert ihren Höhepunkt. Sie war in der viktorianischen Zeit besonders beliebt, weil sich durch Flechten, Weben und Wickeln aus Draht komplizierte und reich verzierte Arbeiten herstellen ließen. Bald produzierte man alle möglichen funktionalen und dekorativen Objekte aus diesem preiswerten neuen Material. Das wiedererwachte Interesse an Blumengärten und Innovationen bei der Herstellung von Wintergärten, von denen viele gusseiserne Rahmen hatten, erweckte eine Leidenschaft für den Gartenbau und das Sammeln von Pflanzen. Drahtwaren waren der letzte Schrei als nützliches Material für Wintergartenmöbel, Hängekörbe und Gartenschmuck in der Form von mehrstufigen Gestellen, auf denen Gruppen von preisgekrönten Exemplaren zur Schau gestellt wurden. In Europa und den USA büßten Drahtwaren bis zum Zweiten Weltkrieg nichts von ihrer Popularität ein.

Die positiven Aspekte der industriellen Revolution wurden jedoch durch die sozialen, moralischen und ästhetischen Probleme weit überragt, die durch die zunehmende Technologie entstanden. Das Arts and Crafts Movement wurde Mitte des neunzehnten Jahrhunderts von William Morris zum Teil als Reaktion auf die negativen Auswirkungen der Industrialisierung und zur Wiederbelebung des Werts von historischem Kunsthandwerk gegründet. Die am Arts and Crafts Movement Beteiligten hatten eine fast sentimentale Einstellung zu Gartenornamenten und ließen sich vom Mittelalter und dem einfachen Landleben lange vor der industriellen Revolution inspirieren. Typische Merkmale eines Gartens im Stil des Arts and Crafts Movement waren Materialien wie Stein, Holz und Weide in Verbindung mit etablierten kunsthandwerklichen Fähigkeiten. Metall, speziell Schmiedeeisen, hatte seinen Platz, wurde jedoch für Arbeiten wie Wetterfahnen, Gartentore und Geländer sparsam eingesetzt. Architekten wie C.F.A. Voysey und Charles Rennie Mackintosh entwarfen in dieser Zeit viele Metallarbeiten für Außenanlagen.

Um die Jahrhundertwende verloren Metallarbeiten – mit Ausnahme der Werke der Jugendstilzeit – ihren Reiz, vielleicht als Reaktion auf den ausgedehnten Einsatz von gusseisernen Dekorationen im vorhergehenden Jahrhundert. Beide Weltkriege beeinflussten die Eisenproduktion. Ein beträchtlicher Teil des Metalls, das in der Architektur eingesetzt worden war, wurde für den Einsatz im Krieg eingeschmolzen.

Speziell die moderne Architektur mit ihren einfachen Linien hatte keinen Sinn für Schnörkel. Heute, da die Strenge der Moderne ihren Einfluss

Metall und Draht

Ganz links: Diese französischen Pflanzenschalen in der Form des Eiffelturms verbinden Patriotismus mit dem Praktischen. Das Werk besteht aus feinem Hühnerdraht über einem Metallrahmen.

Links: Die industrielle Revolution ermöglichte die Massenproduktion von reich verzierten Möbeln aus Gusseisen. Diese Stühle harmonieren mühelos mit rustikalem Holz und üppigem Grün an diesem von Wasserkresse gesäumten Weg.

Unten: Diese antike Laterne in Form einer Pagode verleiht einem schattigen Bereich im Garten einen Konzentrationspunkt und Reiz.

verliert, werden Dekorationen in der Architektur wieder populärer, was sich auf das Gartendesign auswirkt. Ein Beispiel ist das neu erwachte Interesse am Handwerk des Schmiedes. Schmiede können heute vieles herstellen, angefangen bei Notenständern bis zu Skulpturen. In alten Lagerhäusern sind sie genauso zu Hause wie in der Dorfschmiede. Ihre Arbeiten sind individuell und nutzen moderne Materialien und Techniken wie Maschinenhämmer und Autogen-Schneidbrenner.

Metall und Draht

Rechts: Durch die verdrehte Form dieses Bogens aus Schmiedeeisen wird der natürliche Wuchs von wuchernden Kletterpflanzen nachgeahmt und ergänzt.

Ganz rechts: Die sanften Kurven dieses modernen schmiedeeisernen Tores erinnern an natürliches, organisches Wachstum und bilden eine hübsche Verbindung zum dahinter liegenden Garten.

Unten: Diese auffallende Gartengrenze entstand durch den spitzwinkligen Zuschnitt von Kupferrohren, die diagonal in den Boden gedrückt wurden.

Metall und Draht

Metall im Garten

Metall kann sinnlich und kurvig, figürlich oder abstrakt, funktional oder skulpturell sein. Guss- oder Schmiedeeisen ist das beliebteste Metall für den Garten, obwohl es leichter rostet. Bronze, Blei, Stahl und Kupfer werden ebenfalls häufig eingesetzt. Aufgrund seiner Stärke und Vielseitigkeit ist Metall ein wertvolles Material für den Garten. Es lässt sich zu Pflanzenständern, Toren, Gittern und Schutzwänden, Skulpturen, Möbeln und Gartengebäuden formen. Heute erleben wir eine Renaissance des Interesses an Metallarbeiten, angeregt durch Beispiele wie Derek Jarmans Garten in Dungeness in Südengland, wobei der Stil vom Formellen bis zum Informellen reicht.

Wenn im Freien neue Werke aus Metall installiert werden, sind vier Punkte zu beachten: Stil, Maßstab, Lage und Funktion. Traditionelle Strukturen aus Gusseisen bilden eine natürliche Ergänzung der viktorianischen Architektur, doch sie sind gleichermaßen wirkungsvoll, wenn ihnen Stahl, Glas und Beton gegenübergestellt werden. Große Konstruktionen wie Pergolen und Pavillons können einen Garten beherrschen. Man braucht Raum für sie und zusätzlichen Platz, um sie in der Gartenanlage bewundern zu können. Feste, dreidimensionale Stücke müssen in einem kleinen Garten sorgfältig eingesetzt werden, so dass sie ihn nicht überwältigen. Andererseits müssen Metallkonstruktionen in größeren Gärten, die möglicherweise von offener Landschaft umgeben sind, monumental sein.

Bögen und Pergolen aus Metall ist eine spezifische Funktion gemein: Sie erwecken Neugier und dienen als Rahmen für ein Gartendetail. Anders als viele Stützen für Kletterpflanzen können Bögen aus Metall in ungeschmückter Form genauso eindrucksvoll sein wie unter Blumen und Blattwerk versteckt, speziell im Winter, wenn ihre dunklen Silhouetten das Gerippe nackter Zweige betonen. Bögen und Pergolen sind auch zur Betonung der Höhe nützlich, obwohl man mit einfacheren Strukturen dieselbe Wirkung erzielen kann. Obelisken und Spitztürme etwa sind von sich aus elegante Merkmale, aber wenn sie von Efeu oder Kletterrosen umgeben sind, werden sie zu organischen Skulpturen. Abhängig von der Größe des Gartens kann man sie aus Schmiedeeisen oder festem Draht herstellen und in Gruppen anordnen, so dass eine Skyline-Silhouette architektonischer Formen entsteht, die die Höhe betonen oder im Pflanzschema des Gartens einen Konzentrationspunkt bilden.

Dekorative Artikel wie Wetterfahnen können ebenfalls eingesetzt werden, damit das Auge sich auf unterschiedliche Höhen konzentrieren kann. Wetterfahnen sind seit Jahrhunderten ein beliebter Gartenartikel. Niemand kennt den Ursprung dieser Kunstobjekte genau, aber die ersten Beispiele stammen aus dem späten siebzehnten und frühen achtzehnten Jahrhundert. Wetterfahnen lassen sich aus verschiedensten Metallen herstellen. Sie unterstreichen auch noch so bescheidene architektonische Konstruktionen, und man muss nicht über eine Kirchturmspitze verfügen, um eine Wetterfahne zu besitzen: ein Schuppen, Mauern oder Pfosten reichen aus.

Metallurnen, Vasen und Statuen sind Werke, die im Mittelpunkt stehen wollen; es sind Objekte, die einer bereits vorhandenen Komposition mehr Reiz verleihen. In formellen Gärten hatten Metallornamente ihren Platz traditionellerweise

Metall und Draht

Alleen entlang, um das Auge zu einem Konzentrationspunkt zu führen, wo ein besonders feines Werk – vielleicht eine Urne oder Statue – der klassischen Tradition folgend zur Schau gestellt wurde. Metallornamente wurden auch einzeln für zusätzliche Betonungen eingesetzt und dazu, den Blick auf das Ende eines Weges zu lenken.

Metallarbeiten können in manchen Gärten schwerfällig wirken. Eine dekorative Lösung ist der Einsatz von offenen Schutzwänden und Gittern, Zäunen und Toren aus Eisen, die im achtzehnten Jahrhundert mit dem Begriff *clairvoyée* bezeichnet wurden. Der Vorteil dieser Konstruktionen besteht darin, dass sie Licht einfallen lassen und einen Blick auf das Dahinterliegende erlauben. Sie eignen sich, um Gartenbereiche zu verbergen oder abzuteilen. Eine weitere Funktion von Schutzwänden aus Metall ist ihr Einsatz als Rahmen für Kletterpflanzen. Man kann sie aus einer Reihe von Metallen herstellen – feines Stahlrohr und rezyklierte Blech- oder Aluminiumdosen ergeben wirkungsvolle Schutzwände.

Kein Garten ist ohne Sitzgelegenheiten vollständig, und in diesem Bereich wird Metall in Gärten am häufigsten eingesetzt. Es kann zu reich verzierten traditionellen Möbeln verarbeitet werden oder zur Konstruktion einfacher, linearer Designs dienen. Letztere sind ideal für den kleinen Garten, wo eine feste schmiede- oder gusseiserne Struktur zu groß für den verfügbaren Raum wirken würde. Sitzgelegenheiten sollten sorgfältig positioniert werden – oft werden sie aufs Geratewohl auf Terrassen oder Rasen gestellt. Im Idealfall sollten sie von Laub umgeben sein, um harte Kanten weicher zu gestalten. Auf Terrassen kann man Kübel und Töpfe in ihrer Nachbarschaft aufstellen. Zur weicheren Gestaltung von festen Formen kann Metall auch in einer Farbe gestrichen werden, die mit benachbarten Pflanzen harmoniert, oder man könnte einen Entwurf wählen, der andere Materialien, beispielsweise Holz, miteinbezieht.

Blech, das zugeschnitten werden kann, ist ebenfalls ein vielseitiges Medium für den Garten. Man kann Wetterfahnen oder dekorative Haken für Töpfe daraus herstellen. Mit metallenen Pflanzenschildern kann einem Pflanzschema mehr Reiz verliehen werden. Schneiden Sie Gemüseformen für das Gemüsebeet und Blumenformen für die Staudenrabatte aus. Blech kann poliert, bemalt oder mit Werkzeugen bearbeitet werden. Poliertes Metall hat eine besonders glänzende Oberfläche, die zu glühen scheint, wenn sie mit üppigem Grün kontrastiert wird. Egal, ob poliertes Metall im großen oder kleinen Maßstab eingesetzt wird, es lenkt den Blick auf sich und reflektiert Licht ähnlich wie Wasser oder Glas.

Metall und Draht

Ganz links: Wiederverwertete Blechdosen bilden eine ungewöhnliche Figur, die ihre Farbe verändern wird, je länger sie den Elementen ausgesetzt ist. Vielleicht hält sie auch Vögel fern.

Mitte: Diese Maske eines grünen Mannes scheint aus dem Baum herauszuwachsen. Mit zunehmendem Alter nimmt Kupfer eine lebhafte blaugrüne Farbe und damit die zarten Eigenschaften von Blatt und Stamm an.

Links: Diese Wetterfahne von James Merran ist die perfekte Ergänzung eines Gartens am Meer. Die Kupferoberfläche wird durch die Wirkung der Gischt betont.

Metall – praktische Hinweise

Flachstahl kann im Fachhandel erworben werden. Schwarzes, weiches, unlegiertes Stahlblech ist ideal für Arbeiten, bei denen das Metall gebogen werden muss. Es ist in unterschiedlichen Stärken erhältlich; Anfänger sollten mit leichterem Blech (20 x 3 mm) beginnen. Aluminium- und Kupferblech sind noch flexibler. Blech und dünnes Stahlblech sind für Anfänger gut geeignet. Zinnblech bekommt man im Bauhandel, Sie können aber auch alte Dosen nehmen.

Zur Bearbeitung von heißem Metall braucht man eine Spezialausrüstung, doch es gibt einfachere Möglichkeiten mit simplen Werkzeugen wie Hammer, Bügelsäge, Elektrobohrer, Zange und Schraubstock. Dünnes Blech kann mit einer Haushaltsschere geschnitten werden, doch für stärkeres Blech braucht man eine Weißblechschere. Aus beiden Sorten lassen sich Entwürfe gut ausschneiden. Man kann Metalle mit klarem Lack oder Emailfarben bemalen oder im Urzustand belassen. Bei der Arbeit sollten Sie immer Schutzhandschuhe tragen und eine Schutzbrille, wenn Sie den Elektrobohrer verwenden.

Metall und Draht

Draht im Garten

Das derzeitige Interesse an der Wiederverwertung von Altmaterialien und die Herstellung von Objekten aus rezykliertem Draht aus Ländern wie Südafrika und Indien haben die Begeisterung für ein kunsthandwerkliches Material, das fast in Vergessenheit geraten war, neu erweckt. Draht, der in vielen Sorten erhältlich ist – aus Kupfer oder Aluminium, verzinkt oder mit Plastik umhüllt, in dicken oder feinen Stärken –, bietet viele Möglichkeiten für dekorative Zwecke und zur Kreation von Skulpturen. Je feiner der Draht ist, desto flexibler ist er. Hühnerdraht wird aus verzinktem Draht hergestellt, damit er nicht rostet. Er ist in vielen Stärken erhältlich.

Im Garten kann Draht nicht nur für praktische Zwecke wie Reparaturen verwendet werden, sondern auch zur Herstellung von Zäunen, Sitzgelegenheiten und Rahmen für Hecken und Bäumen dienen, die durch Beschneiden eine bestimmte Form erhalten sollen. Durch seine Biegsamkeit lässt er sich relativ leicht formen.

Feine Drahtwaren sind ein zierliches Medium. Dünner Draht ist ein gutes Material zur Herstellung von Behältern wie Hängekörbe, da er leicht ist, nur minimal befestigt werden muss und für einen natürlichen Wasserabfluss sorgt. Feiner Draht verschmilzt fast mit dem Hintergrund.

Drahtmöbel sind leicht, haltbar und können in einer zu Ihrem Stil passenden Farbe bemalt werden, wie es in der viktorianischen Zeit üblich war. Hühnerdraht ist ebenfalls ein gutes Material für leichte, stapelbare Möbel, etwa Gartenstühle.

Durch seine Formbarkeit sind Draht und Hühnerdraht einfach zu verwendende Materialien für Skulpturen. Vögel, Tiere und andere Naturformen wirken im Garten besonders schön.

Feiner Hühnerdraht kann um einen Rahmen aus Metall, Holz oder dickerem Draht gewickelt werden, um Figuren herzustellen, die mit Pflanzen bewachsen werden können. Kletterpflanzen wie Efeu und Ipomoea (Winde) sind für diese Technik ideal geeignet. Für schwerere, holzige Pflanzen muss für die stützende Grundform stärkerer Draht verwendet werden. Ein solcher Gartenschmuck ist in einem kleinen Garten genauso wirkungsvoll wie auf einem Landsitz – eine Miniaturform in einem Topf kann auch dem bescheidensten Balkon in der Stadt Höhe, Reiz und eine dreidimensionale Qualität verleihen.

Draht – praktische Hinweise

Draht ist formbar, vielseitig, anpassungsfähig und preiswert und damit ein unentbehrliches Gartenmaterial, das in den meisten guten Eisenwarenhandlungen erhältlich ist. Für den Einsatz draußen verwendet man am besten verzinkten Draht und Hühnerdraht. Allerdings lassen sich diese Sorten nicht so leicht formen. Tragen Sie bei der Arbeit mit Hühnerdraht immer Schutzhandschuhe. Wenn die Arbeit Gewicht tragen muss, sollte ein stärkerer Draht eingesetzt werden. Für rein dekorative Arbeiten reicht feiner Draht meist aus. Anfänger und Kinder sollten mit grünem Gartendraht beginnen, der sich leicht formen lässt. Er kann mit Emailfarbe bemalt werden.

Für Drahtarbeiten braucht man nicht viele Werkzeuge, aber eine Drahtschere und Zange sind erforderlich. Gute Resultate erzielt man, wenn der Draht mit einer langen Spitzzange in Form gebogen wird. Zur Befestigung von dekorativen Details wie ausgeschnittenen Metallformen an Draht verwenden Sie Epoxidharz.

Metall und Draht

Ganz links: Diese Katze aus verzinktem Hühnerdraht, der an einem dickeren Draht befestigt wurde, kann als witzige Skulptur eingesetzt werden oder als Rankrahmen für eine leichte Kletterpflanze wie Efeu dienen.

Links: Dicker Draht verleiht dieser einfachen, kugelförmigen Pflanzenstütze eine starke, auffällige Form, bevor sie überhaupt von Kletterpflanzen bedeckt ist.

GALERIE – Skulpturen

Unten: Dieser merkwürdige Vogel besteht aus ganz einfachen Materialien wie wiederverwerteten Blechdosen und weist eine kluge Mischung aus kontrastierenden Metallen auf – verrostet und glänzend, gewellt und glatt. Die Kombination aus künstlerischer Wirkung und Funktion macht dieses Werk mit seinem reflektierenden Körper und dem grimmigen Ausdruck zu einer Furcht erregenden Vogelscheuche.

Oben: Für diesen verspielten Hund aus Metall hat die Künstlerin Sophie Thompson wiederverwertete Fahrradteile eindrucksvoll eingesetzt. Die stabile Konstruktion macht die Skulptur zu einem Konzentrationspunkt und sie wird auch einer gewissen Abnutzung standhalten können, so dass dieses Stück perfekt für einen Familiengarten geeignet ist.

Links: Wenn Metall den Elementen ausgesetzt ist, entwickelt es eine reiche Patina im lebhaften Spektrum der Herbstfarben, die zu grünem Laub passen. Hier wurden alte Nägel, Muttern und Schrauben zu einer witzigen Spinnenskulptur verbunden, die aus dem Ast eines Baums herabzusteigen scheint.

Oben: Hühnerdraht wird als Material für Gartenskulpturen immer populärer. Durch seine Biegsamkeit lässt es sich leicht zu Tierformen verarbeiten. Dieses attraktive Hängebauchschwein wurde von Rupert Till aus feinem Hühnerdraht hergestellt. Die satte Rostfarbe entstand durch eine Behandlung mit rotem Oxid.

Links: Wie die Skizze eines Künstlers verbindet dieses Lamm aus Draht von Barbara Francs durch seine Kombination von dunklem und hellem Draht einen einfachen Umriss mit soliderem Bereichen. Seine halbversteckte Lage sorgt dafür, dass es nur von ganz aufmerksamen Beobachtern entdeckt wird.

»Mit Draht kann man eine eindimensionale Zeichnung in ein dreidimensionales Objekt verwandeln.«

Thomas Hill

Thomas**Hill**
Drahtfisch

Thomas Hill ist ein Drahtzauberer. Wie es für diese neue Generation von Kunsthandwerkern typisch ist, verwendet er alltägliche, preiswerte Materialien, um figürliche Skulpturen zu schaffen. Er bevorzugt das städtische Umfeld – sein Studio liegt im Osten von London – gegenüber der ländlichen Landschaft, in der viele seiner Werke anzutreffen sind.

Hills Metallmenagerie geht auf ein Hobby in seiner Kindheit zurück. Sein Werk umfasst Vögel, Kühe, Hühner, Hunde und Fische. Sein Interesse an der Arbeit mit Draht entstand, als er Schmuckdesign studierte. Dieses Medium ermöglichte es ihm, seine Liebe zum Zeichnen mit dreidimensionalen Formen zu verbinden. Im Gegensatz zu den meisten Metallskulpturen lässt sich Draht schnell verarbeiten und spiegelt damit die Spontaneität einer Skizze wider. Bei der Betrachtung seines Werks erkennt man, dass die Grenze zwischen seinen Drahtarbeiten und dem Stift des Illustrators sehr fein ist.

Hills Technik ist einfach. Draht wird mit der Zange in die gewünschte Form gebogen. Um die Enden zu sichern oder miteinander zu verbinden, werden sie verlötet oder einfach miteinander verdreht. Bei manchen Projekten, etwa bei diesem springenden Fisch, wird der Umriss mit ausgeschnittenen Metalldetails ergänzt. Hier wurden bunte Scheiben aus wiederverwertetem Stahlblech ausgeschnitten und angemalt, um Fischschuppen nachzuahmen. Die Scheiben reflektieren das Wasser und heben das Stück an einem schattigen Standort hervor.

Feiner Draht ist ein subtiles Medium, das fast mit dem Hintergrund verschmilzt. Dieser springende Fisch mit seinen Details, die das Licht einfangen, verdient es, näher betrachtet zu werden.

Metall und Draht

Material und Ausrüstung

Stift, Papier, Drahtschere, mit Kunststoff beschichteter Draht, lange Spitzzange, Besenstiel, Stahlblech oder rezyklierte Dosen, Epoxidharz, Emailfarben, Pinsel, Messingstange (4 mm dick), Metallstange oder Rohrstock.

1 Zeichnen Sie den Umriss und die Grundmerkmale des Fischs auf ein Stück Papier, das als Schablone dient. Der Umriss sollte etwa 30 cm lang sein.

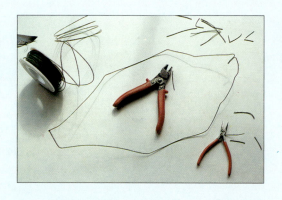

2 Biegen Sie ein langes Stück Gartendraht (mit Kunststoff beschichtet) mit der langen Spitzzange in die Form Ihrer Schablone. Verdrehen Sie die beiden Drahtenden am hinteren Ende miteinander oder sichern Sie sie mit einem dritten Drahtstück.

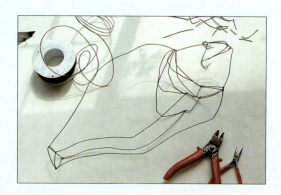

3 Aus einem weiteren Drahtstück formen Sie die Kiemen und das Maul des Fisches. Befestigen Sie die Teile an der Grundform. Füllen Sie die dreidimensionale Form des Körpers aus, indem Sie zwischen Kiemen und Schwanzende ein Stück Draht befestigen.

4 Als nächstes bauen Sie den Körper des Fisches auf, indem Sie »Schuppen« anbringen. Zur Herstellung der benötigten Drahtringe wickeln Sie Draht um einen Besenstiel und befestigen diese Ringe dann an dem Rahmen. Die Augen entstehen auf dieselbe Weise.

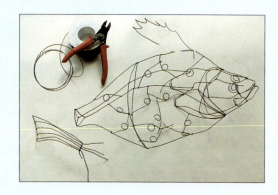

5 Bringen Sie die Grundform der oberen Flossen und der Schwanzflosse an, bevor Sie zu ihrer Verstärkung Draht-»Linien« befestigen. Es ist leichter, die kleineren Seitenflossen separat herzustellen und anschließend am Fisch zu befestigen.

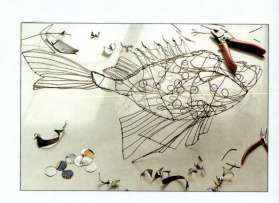

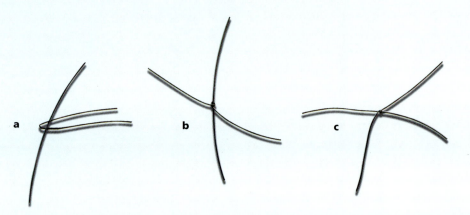

Einfache Drahtverbindungen

a Biegen Sie den Draht in eine »V«-Form. **b** Überkreuzen Sie die Enden und ziehen Sie daran. **c** Ziehen Sie die Verbindung an, indem Sie sie mit der Zange vorsichtig zusammendrücken.

Metall und Draht

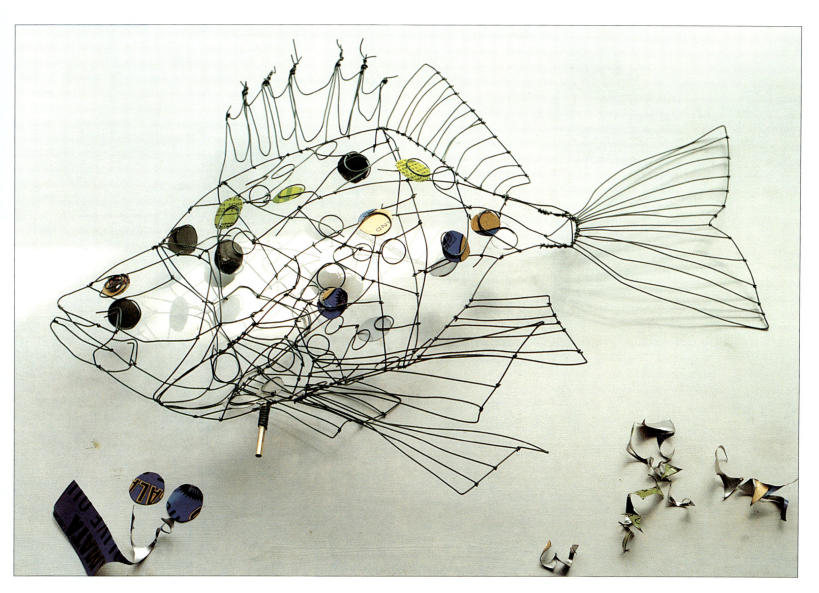

6 Schneiden Sie aus dem Blech oder den Dosen mit der Küchenschere Scheiben aus und schieben Sie diese auf die Drahtringe. Kleben Sie sie mit Epoxidharz fest. Mit Emailfarben malen Sie Details auf die Augen und kleben diese fest. Befestigen Sie den Fisch mit Draht an einer Messingstange und verkleben Sie die Verbindung mit Epoxidharz.

Standort und Befestigung

Um den Fisch an einer hohlen Metallstange oder einem Rohrstock zu befestigten, drücken Sie die Messingstange in die Metallstange oder machen Sie ein Loch in den Rohrstock. Bemalen Sie den Ständer mit wasserfester Farbe oder Lack, und drücken Sie ihn eventuell neben einem Teich in den Boden. Wenn er in einem mit Zement gefüllten Blumentopf befestigt wird, kann er direkt ins Wasser gestellt werden. Eine andere Möglichkeit wäre, den Fisch von einem Ast herabhängen zu lassen (zur Befestigung verwenden Sie Nylonschnur). Beziehen Sie bei der Wahl des Standorts den Hintergrund mit ein. Wenn Sie den Fisch als Überraschungselement einsetzen wollen, wählen Sie einen dunklen Hintergrund, eventuell mit Blattwerk. Wenn er klarer sichtbar sein soll, wählen Sie einen helleren Bereich, beispielsweise eine helle Wand.

> »Stahl ist ein nachsichtiges Medium. Man kann es in diese und jene Form biegen und schneiden und dabei praktisch mit den Fingern denken.«

Jon Mills

Jon **Mills**

Hausnummer

Jon Mills ist das perfekte Beispiel für einen zeitgenössischen Schmied mit künstlerischem Hintergrund: er hat die Kunsthochschule besucht und setzt moderne Geräte wie Maschinenhämmer und Plasma-Schmelzschneider ein, um sehr individuelle Arbeiten herzustellen, die oft auch sehr humorvoll sind. Mills verwendet hauptsächlich weichen unlegierten Stahl, den er ganz nach seinem Willen schmiedet, hämmert, durchbohrt, nietet und biegt. In seiner Familie kann er auf eine reiche, mehrere Generationen überdauernde Tradition an Metallarbeitern zurückblicken, zu denen Kupferschmiede, ein Feinmechaniker, ein Juwelier und mehrere Schmiede zählen. Mills Einstellung zu Metall ist von Leidenschaft geprägt, und er beschreibt seine Arbeit als seine 'wahre Liebe'.

In seinem Studio in Brighton stellt Mills alle möglichen Dinge wie Tore, Geländer und Schränke bis hin zu Kandelabern her, doch wer Verflechtungen und Schnörkel erwartet, wird enttäuscht. Seine Arbeit widerspiegelt seine Leidenschaft für Automaten mit ihren Räderwerken und Mechanismen und für Cartoonfilme. Seine Fertigkeiten am Schmiedefeuer verbinden sich nahtlos mit diesen beiden charakteristischen Elementen, um wilde und oft auch verrückte Werke zu kreieren, die Lichtjahre vom traditionellen Repertoire des Schmiedes entfernt sind.

Diese Hausnummer lässt sich leicht herstellen, aber man braucht viel Kraft, um den Stahl für die Grundstruktur zu biegen, die dann mit Hilfe von metallenen Splinten ihre Form behält. Hier verwendet Mills wie in vielen seiner Arbeiten verschiedene Metalle, um Kontraste bei Farbe und Struktur zu erzielen – mit zunehmendem Alter werden sie ihr Erscheinungsbild weiter ändern.

Diese durch Biegen und Bearbeiten einer flachen Metallstange hergestellte auffallende, moderne Hausnummer zeigt, was sich mit einfachen Materialien erzielen lässt.

Metall und Draht

Materialien und Ausrüstung

Kreide, 2,3 m flache Metallstange (25 x 3 mm), Schraubstock, Bohrer und Bohreinsatz (6 mm), Amboss, Hammer, 2,5 m Metallstange (Ø 3 mm), Bügelsäge, Zange, 45 cm hohles Metallrohr, Stahlblech, Kupfer oder Blech (18 x 14 cm), Blechschere, Feile, Kupferdraht, Emailfarben und Pinsel oder Laubsäge, Lack.

1 Zeichnen Sie eine 70 cm hohe Kreideform für das fertige Schild auf den Boden (Schritt 5). Befestigen Sie die flache Metallstange im Schraubstock. Lassen Sie an beiden Enden 70 cm frei; bohren Sie 15 Löcher (6 mm Ø) in gleichmäßigen Abständen hinein (das erleichtert das Biegen des Metalls). Beginnen Sie je 40 cm von beiden Enden der Metallstange entfernt und bohren Sie an jedem Ende drei Löcher im Abstand von 10 cm hinein.

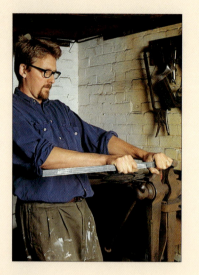

2 Spannen Sie die Stange 70 cm vom Ende entfernt im Schraubstock ein. Beginnen Sie an einem Ende, indem Sie die Stange mit beiden Händen so nah wie möglich am Schraubstock festhalten (je näher Sie am Schraubstock arbeiten, desto enger wird die Biegung), und biegen Sie die Stange im rechten Winkel. Wiederholen Sie den Prozess an der anderen Seite. Sie sollten jetzt ein dreiseitiges Quadrat oder ein »U« vor sich haben.

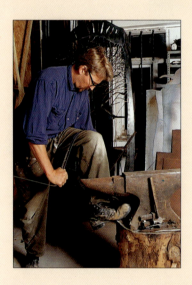

3 Nehmen Sie die Stange aus dem Schraubstock. Mit Hilfe von Amboß und Hammer (oder, wenn Sie dies bevorzugen, mit dem Knie) biegen Sie den mittleren Bereich der Stange nach innen, so dass ein grobes »W« entsteht.

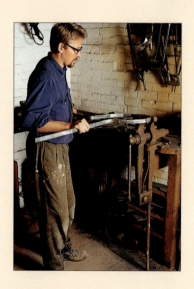

4 Befestigen Sie die Stange wieder im Schraubstock und biegen Sie die beiden äußeren »Arme« wieder nach unten, so dass eine Kopfform mit abfallenden Schultern entsteht.

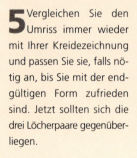

5 Vergleichen Sie den Umriss immer wieder mit Ihrer Kreidezeichnung und passen Sie sie, falls nötig an, bis Sie mit der endgültigen Form zufrieden sind. Jetzt sollten sich die drei Löcherpaare gegenüberliegen.

6 Hämmern Sie die Splinte von der Innenseite des Rahmens her in die 15 Löcher; öffnen Sie die Enden mit der Zange. Messen Sie den Abstand zwischen den drei Lochpaaren in den »Beinen«. Schneiden Sie drei Rohrstücke in entsprechender Länge zu. Fertigen Sie drei Splinte (je ca. 4 cm länger als die Einzelröhren). Führen Sie sie durch die Löcher und Röhren ein. Enden mit der Zange aufbiegen; Beine dabei zusammendrücken.

Splinte

Zur Fertigung der »Splinte« (oben) klemmen Sie die Metallstange in den Schraubstock ein, so dass ca. 3,5 cm herausragen. Mit Hilfe des Hammers biegen Sie die Stange völlig um und drücken sie zwischen den Schraubstockbacken fest zusammen. Schneiden Sie das Stück mit der Bügelsäge ab. Wiederholen Sie den Vorgang, bis Sie 15 Splinte haben.

Metall und Draht

7 Schneiden Sie die Platte für die Hausnummer mit der Blechschere aus Stahlblech, Kupfer oder Blech aus. Feilen Sie scharfe Kanten ab oder bearbeiten Sie sie mit Sandpapier. Klemmen Sie die Platte sicher in den Schraubstock, und bohren Sie vier Löcher um den Rand herum ein. Führen Sie Kupferdraht durch die Löcher ein und befestigen Sie ihn am Rahmen, um die Platte zu befestigen. Malen Sie die Zahl mit Emailfarbe auf die Platte oder schneiden Sie sie mit einer Laubsäge oder einem Plasma-Schmelzschneider aus. Alle Metalle können mit einem entsprechenden Klarlack versiegelt werden. Als Variante können Sie eine Grundierung auftragen und Ihr Werk bemalen oder es im Verlauf der Zeit einfach rosten lassen.

Standort und Befestigung

Diese moderne Hausnummer von Jon Mills braucht den passenden zeitgenössischen Standort. Die Stahlstruktur findet gleichgesinnte Partner in harten und stachligen Naturformen wie Kiesel, Felsen, Kakteen und Bambus. Die Hausnummer kann einfach in den Boden gedrückt werden oder in Beton ein permanenteres Fundament erhalten.

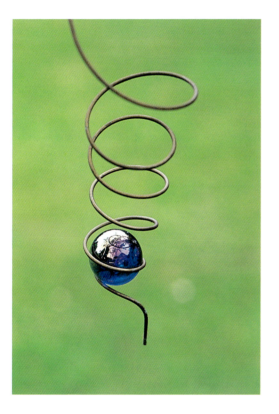

Glas kann geblasen, in Formen gegossen, geschnitten und geformt werden, so dass eine Unzahl ungewöhnlicher Formen entsteht. Es kann flach oder dreidimensional, farbig oder durchsichtig sein, bemalt, geätzt, graviert oder sandgestrahlt werden. In der Gartenlandschaft fängt Glas das Licht ein, reflektiert und bricht es, so dass die zauberhaftesten Effekte entstehen. Als natürliche Ergänzung zum Wasser lenkt diese vielgestaltige Substanz das Auge auf sich und verstärkt die Wahrnehmung.

Glas

Links: Diese prächtige Glaskachel von Andrea Freeman besteht aus einfachem Flaschenglas, das geschmolzen, gefused und zersplittert wurde. **Oben:** Eine Drahtfeder und eine schimmernde blaue Glasmurmel ergeben einen wunderbar einfachen Gartenschmuck

Glas

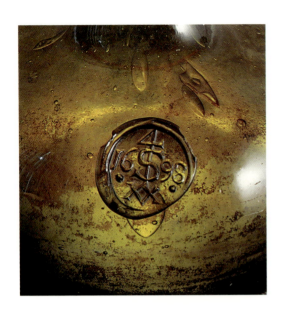

Glas – Geschichtliches

Glas ist ein Material, das wir als gegeben hinnehmen. Es wird zu unzähligen Artikeln, angefangen bei Reagenzgläsern und Glühbirnen bis hin zu Gebäuden verarbeitet, aber sein Ursprung ist unbekannt. Die Entdeckung, dass Sand bei hoher Temperatur mit anderen Substanzen verschmolzen werden kann, so dass Glas entsteht, wurde vor über 5000 Jahren gemacht. Jahrhundertelang kam Glas in Gärten eine Schlüsselrolle als Schutz zarter Pflanzen zu. In den letzten 20 Jahren hat es sich in ein Material für Gartenschmuck gewandelt.

Um 2500 v.Chr. begannen die Ägypter mit Glasarbeiten wie Gefäßen und Perlen, indem sie geschmolzenes Glas in Formen gossen. Mundgeblasenes Glas wurde um 40 v.Chr. wahrscheinlich in Syrien erfunden.

Die Römer schätzten Glas und fertigten wunderbare Arbeiten an, von denen die berühmteste sicherlich die Portland-Vase aus dem 1.Jh.n.Chr. ist – eine kobaltblaue Vase mit Kameendekoration. Die Römer setzten Glas für alle möglichen Dinge ein und nutzten es als Fensterglas.

Nach dem Niedergang des Römischen Reichs erlebten die Techniken der Glasherstellung in vielen Teilen Europas einen Rückgang. Eine Ausnahme bildeten die Buntglaswerkstätten, die oft Klöstern angegliedert waren. Dort blühte die Kunst der Glasherstellung weiter. Die Verwendung von Buntglas in der Architektur geht auf die frühchristliche Zeit zurück, als dieses Material in Kirchen eingesetzt wurde. Bei den ersten Fenstern wurden Holz oder Gips zur Trennung der Glasstücke und zu ihrer Sicherung in der Komposition eingesetzt. Die Entwicklung von Blei verlieh den frühen Glasherstellern mehr Flexibilität und Ausdrucksfreiheit, doch man weiß nicht, wann genau dies geschah. Im Mittelalter wurden bemalte Fenster von großer Schönheit in Kirchen und Kathedralen eingesetzt.

Vom sechzehnten bis zum achtzehnten Jahrhundert war Venedig das weltweit wichtigste Zentrum der Glasherstellung. Arbeiten, die auf der kleinen Insel Murano hergestellt wurden, zeichneten sich durch brillante Farben und große Kunstfertigkeit in folgenden Techniken aus: das Vergolden (das Auftragen einer goldenen Oberflächendekoration), Millefiori (farbige Glasstangen werden zu mosaikartigen Kompositionen angeordnet), Emaillieren (Verwendung von Metalloxiden zum Färben von Glas) und die Diamantgravur (mit der dekorative Muster gearbeitet wurden). Venezianische Arbeiten wurden überall hin exportiert und häufig kopiert, und *die façon de Venise* (der venezianische Stil) war überall in Europa gefragt. Venezianische Glashersteller unternahmen Reisen und brachten ihr Wissen und ihr Können in andere europäische Länder wie Frankreich und Großbritannien.

Die Glasindustrie in Nord- und Südamerika brauchte im sechzehnten Jahrhundert länger zu ihrer Entwicklung. Erste Versuche der Glasherstellung in Mexiko zu Beginn des Jahrhunderts schlugen fehl, und späteren Versuchen in Salem und Philadelphia und von den Holländern in New York war ebenfalls kein Erfolg beschieden.

In Großbritannien führte die Zuwanderung von Glasherstellern ab dem sechzehnten Jahrhundert und die Entwicklung von Industrieverfahren zur Gründung einer blühenden Glasindustrie. Doch es war die Entwicklung von Bleikristall im siebzehnten Jahrhundert durch George Ravencroft, die britischem Glas die Aufmerksamkeit der Welt sicherte.

Ende des siebzehnten Jahrhunderts wurde Glas in ganz Europa hergestellt, und die Hersteller wandten ihren eigenen Stil und verschiedene Techniken auf viele massenproduzierte Glaswaren an. Ende des achtzehnten Jahrhunderts hatten deutsche Handwerker Glashütten in Amerika gegründet.

Glas

Ganz links: Diese geblasene Glasflasche mit dem Siegel eines Händlers stammt aus dem Jahr 1698. Sie entstand durch Techniken, die in der zweiten Hälfte des 1.Jh.v.Chr. entwickelt wurden.

Links: Dieses Buntglasfenster aus dem frühen dreizehnten Jahrhundert in der Kathedrale von Canterbury zeigt die Parabel vom Säer. Sie ist Beweis für das herausragende Können der Buntglashersteller der damaligen Zeit: die Landschaft weist feine Details auf.

Glas

Der erste Einsatz von Glas im Garten geht auf das sechzehnte Jahrhundert, auf die Einführung von Orangerien, zurück (in diesen wurden Pflanzen wie Orangen und Granatäpfeln vor den rauhen Winterbedingungen geschützt). Diese Gebäude wurden mit Holzkohlepfannen oder Öfen erhitzt, denn hier ging es mehr um Wärme als um Licht. Orangerien aus dem achtzehnten Jahrhundert können in Wye House in Maryland, USA, und in Chatsworth im englischen Derbyshire besichtigt werden.

Durch die verbesserten Techniken zur Herstellung von Flachglas um 1850 wurden Gartengebäude aus Holz oder Gusseisen und Glas schnell in ganz Europa und Amerika immer beliebter. Die industrielle Revolution lieferte den gusseisernen Rahmen für große Glasgebäude. Ein frühes Beispiel ist der Jardin des Plantes in Paris, mit dessen Bau 1833 begonnen wurde. In England führte die Abschaffung der Glassteuer und der Fenstersteuer, die die in Gebäuden zulässige Zahl von Fenstern eingeschränkt hatte, innerhalb von fünf Jahren zum Bau der berühmtesten Glaskonstruktion überhaupt – dem Kristallpalast in London, der ursprünglich für die große Ausstellung von 1851 konstruiert wurde und für den Glashersteller aus Birmingham 300.000 Glasscheiben herstellten.

Angetrieben von ihrer Leidenschaft für die Flora schickten die Viktorianer Sammler weltweit auf die Suche nach neuen Pflanzen. Sie bauten Wintergärten und Gewächshäuser, die mit Buntglas ver-

Glas

schönert wurden. Glas wurde ein integrales und hochmodernes Element in Gartenanlagen – Wintergärten hatten in der viktorianischen Gesellschaft ein solches Ansehen, dass sich Menschen, die keinen Wintergarten besaßen, zu besonderen Ereignissen temporäre Glaskonstruktionen bauen ließen.

Im viktorianischen Gemüsegarten wurde nicht winterfestes Gemüse unter Glas gezogen. Pflanzenglocken, die an Laternen erinnern und aus mehreren kleinen Fensterscheiben in einem metallenen Rahmen bestanden, und glockenförmige Vorrichtungen aus Glas schützten frühe und zarte Gemüsesorten, während durchsichtige, geblasene Zylinder dafür sorgten, dass viktorianische Schlangengurken lang und gerade wuchsen. Diese im neunzehnten und zu Beginn des zwanzigsten Jahrhunderts eingesetzten zerbrechlichen und teuren Artikel wurden durch massenproduzierte Alternativen ersetzt und wurden zu Sammlerstücken.

1962 revolutionierte ein Seminar an der Universität von Wisconsin, USA, die Glasherstellung. Man fand eine Möglichkeit, Glas in einem kleinen Ofen zu schmelzen, so dass dieses Material nun im Künstleratelier produziert werden konnte. Dies führte zur Einrichtung unzähliger Kurse und zur Entwicklung der Glasherstellung als Kunsthandwerk auf internationaler Ebene. Experimente mit verschiedenen Techniken führten zur schnellen Entwicklung von Glasarbeiten, und zeitgenössische Hersteller kombinieren heute neue und alte Methoden, wobei sie oft rezykliertes Glas verwenden.

Ganz links: Pflanzenglocken aus Bleiglas und geblasenem Glas waren in viktorianischer Zeit und später ein beliebtes Mittel zum Schutz von Pflanzen.

Links: Bei dem Dach dieses restaurierten, von Joseph Paxton entworfenen Gewächshauses aus dem neunzehnten Jahrhundert in den Gärten von Heligan in Cornwall wurden Glasscheiben, die sich überlappen, verwendet.

Glas

Rechts: Die Bleilinien dieser von einem starken Holzrahmen gestützten Kuppel sind absichtlich so stark gekrümmt. Das sparsam eingesetzte farbige Glas erinnert an Blätter und Knospen und wirft farbenfrohe Lichtflecken auf den Boden.

Mitte: Die stilisierten Umrisse von Blättern harmonieren bei dieser Glasarbeit von Anne Smyth mit der Krümmung der Glaslinien.

Ganz rechts: David Pearls Fensterbild besteht aus Antikglasfragmenten. Die unregelmäßigen Oberflächen lassen das Laub im Hintergrund, das Teil der Komposition wird, verschwommen und verzerrt erscheinen.

Glas

Glas im Garten

Glas ist ein ideales Material für den Einsatz im Garten, da es dem Zahn der Zeit standhält. Es ist nicht empfindlicher als Terrakotta und widersteht extremen Temperaturschwankungen sehr gut. Traditionellerweise war seine Rolle im Garten streng funktional und oft architektonisch – Flachglas für Frühbeete und Gewächshäuser, geblasenes Glas für Glasglocken. Doch ständig werden neue aufregende Techniken entwickelt, die Funktionalität mit dem Ornamentalen verbinden, wobei Flachglas, geblasenes und rezykliertes Glas eingesetzt werden.

Flachglas hat eine chamäleonartige Qualität. Dasselbe Grundmaterial ist in einem lebhaften Farbspektrum verfügbar, und seine Oberfläche kann durch Sandstrahlen, Ätzen, Gravur oder Bemalen beliebig dekoriert werden, was zu einer klaren oder opaken, rauhen oder glatten, glänzenden oder stumpfen Oberfläche führt. Am populärsten sind Muster aus Buntglas, wozu es in Formen geschnitten, angeordnet und mit Blei gesichert wird.

Buntglas ist ideal für Schutzwände, und im Gegensatz zu Hecken, Wänden und festen Zäunen bildet eine Schutzwand eine wirkungsvolle Barriere, lässt aber gleichzeitig Licht einfallen. In den Gärten von Häusern aus der Zeit von Queen Victoria und King Edward sind Schutzwände aus Buntglas integraler Bestandteil der Architektur. Sie sind auch auf Dachterrassen und Balkonen nützlich, da sie luftige Begrenzungen bilden, die dennoch eine

gewisse Privatsphäre bieten. Eine Glaswand sollte auf festen Stützen aus Metall, Mauerwerk oder Holz befestigt werden, die in den Boden eingelassen wurden, um Beschädigungen durch Wind oder Unfälle zu vermeiden. Kleine, tragbare Wände können so aufgestellt werden, dass sie verschiedene Gartenbereiche zu verschiedenen Jahreszeiten hervorheben oder verbergen. Sie sollten einen Metallrahmen mit zwei langen aufrechten Metallstützen haben, mit denen sie im Boden gesichert werden.

Eine einfache geometrische Wand lässt sich aus farbigen Glasquadraten herstellen, um die Pflanzen in der Umgebung zu betonen oder einen Kontrast zu schaffen. Es gibt endlose Kombinationsmöglichkeiten, aber Sie könnten die hochwachsende, ornamentale Silberfeder (Miscanthus sinensis »Zebrinus«) mit ihren auffallenden cremegelben Streifen mit einer Wand aus anilingelbem und burgunderrotem Glas kombinieren oder den japanischen Ahorn (Acer palmatum) mit seinem roten Laub vor einem pinkfarbenen und blassgrünen Patchwork aus Klarglas zur Schau stellen.

Als Alternative zu farbigem Glas können Sie eine Schutzwand aus gehärtetem Flachglas kreieren und die Oberfläche durch Ätzen, Sandstrahlen oder Gravur beleben. Für eine dekorative Wirkung können im Garten gesammelte Dinge zwischen zwei Glasscheiben gepresst werden – nehmen Sie Federn, Blätter wie den Wilden Wein (Parthenocissus quinquefolia), Samenkapseln des Silberlings (Lunaria annua), getrocknete Blumen oder Farn. Solche Wände sollten wie eine Buntglaswand befestigt werden, doch sie können auch im Frühling und Sommer in Innenhöfen oder auf Dachgärten aufgestellt werden. Wenn sie nicht mit Bleiglaszement gesichert wurden, sollte man sie im Winter ins Haus holen.

Glas

Flachglas kann ebenfalls für dreidimensionale Arbeiten im Garten eingesetzt werden. Eine Glaslaterne besteht aus vier Stücken Flachglas, die mit Blei gesichert und angemalt wurden. Weiches, diffuses Licht, das durch farbiges Glas gefiltert wird, ist die perfekte Begleitung an einem warmen Sommerabend.

Da Glas Licht reflektiert, ist es zur Belebung von schattigen oder langweiligen Bereichen im Garten, auf dem Dachgarten oder im Wintergarten unentbehrlich. Es reagiert zudem auf das Wechselspiel der Elemente und glitzert in der Sonne oder im Regen. Als Material der Kontemplation und Reflexion ist es ideal für Mobiles geeignet. Selbst die bescheidensten Stücke aus farbigem Glas bieten ein wirkungsvolles Schauspiel. Kleine Glasstücke, die in kleinen Gruppen an Angelschnur unterschiedlicher Länge befestigt und dort aufgehängt werden, wo sie das Licht einfangen (ideal sind die Zweige eines Baumes), kreieren Bewegung, zerstreuen das Licht, werfen bunte Schatten und erfüllen die Luft mit Glockengeklingel.

Recycling spielt in fast allen im Garten eingesetzten Kunsthandwerken eine Rolle, und Glas bildet da keine Ausnahme. Für alte Glasflaschen, die billig und in großen Mengen erhältlich sind, gibt es viele Einsatzmöglichkeiten. Sorgfältig ausgewähl-

Glas

Ganz links: Die starre geometrische Form dieses geformten Glasbrunnens wird durch das ständige Spiel des Wassers belebt.

Mitte: Diese Glasinstallation besteht aus geätztem und geformtem Glas, das von Metallrahmen herabhängt. Es erweckt die Illusion, dass sich die Glasstrukturen im Wind aufbauschen.

Links: *Tipi*, ein Werk des kanadischen Glaskünstlers Steve Tobin, ist eine hohe, glänzende Struktur, die aus mehreren Schichten Haarröhrchen an einem Metallrahmen besteht.

te farbige Glasflaschen können mit Draht an einem schlichten Drahtzaun befestigt werden, so dass eine faszinierende, strukturierte Oberfläche entsteht. Flaschenböden mit ihren Vertiefungen können in eine alte Tischplatte eingesetzt oder als Dekoration um einen Teich herum verwendet werden. Flaschenböden können auch für Durchbrucharbeiten in Mauern eingesetzt werden. Wenn Glasbereiche in verschiedenen Mustern wie Rauten oder Kreisen angeordnet werden, brechen sie große Ziegelstein- oder Betonbereiche auf und lassen das Licht einfallen. Sie ähneln fertigen Glasbausteinen, die eine effektive, aber weniger dichte Alternative zu Ziegelsteinen bieten. Glasbausteine sind ideal für kleine Gärten geeignet, wo sie die Illusion von Raum schaffen. Beim Bau kleiner Mauern im Garten können Glasbausteine einen nützlichen Schutzschirm bilden.

Glasskulpturen, die kurvenreich oder eckig sein können, sind die neueste Ergänzung des Gartenschmuckrepertoires. Die meisten zeitgenössischen Arbeiten sind abstrakt und müssen sorgfältig in einen traditionellen Garten eingepasst werden. Die erfolgreichsten Stücke sind bläulich oder grünlich oder transparent. Die ideale Umgebung für solche Arbeiten ist ein Ort mit Kieseln oder einem Holzdeck und einer Ästhetik, in der weniger mehr ist.

Glas

Rechts: *Welle in einer Seelandschaft*, eine zusammengeschmolzene Glasskulptur von Sandy Schofield, unterstreicht die gemeinsamen Charakteristiken von Glas und Wasser.

Mitte: Licht durchdringt die Spiralform dieses Buntglasbrunnens von Killian Schurman und wirft lebhafte Reflexionen auf das Wasser in dem Trog.

Ganz rechts: Dieses Werk mit dem passenden Namen *Austernschale* in den Londoner Kew Gardens setzt sich aus mehreren Schichten verschmolzenem Flachglas zusammen, die bei sanfter Berieselung mit Wasser glitzern.

Glas wirkt oft am besten im oder in der Nähe von Wasser, wo beide Substanzen vielfach kombiniert werden können. In vielerlei Hinsicht ahmt Glas Wasser nach, indem es eine sich ständig ändernde Oberfläche bietet, die das Licht bricht und Pflanzen in der Umgebung reflektiert. Glaskünstler, die diese Symbiose und dynamische Beziehung spüren, stellen Glasbrunnen und Mosaikteiche her.

Ein kleines Glasbecken, in das Wasser rieselt, hebt die Qualitäten von Glas und Wasser hervor, so dass eine schimmernde Wirkung entsteht. Skulpturale Glasarbeiten wirken besonders schön, wenn sie in Teichen aufgestellt werden oder ihren Platz in der Nähe von fließendem Wasser finden.

Eine einfache und preiswerte Möglichkeit, Glas in den Garten einzuführen: Streuen Sie schillernde Murmeln oder Perlen aus Glas am Rand eines Teiches aus, oder geben Sie sie in eine Schüssel oder einen Behälter, in dem sich Wasser sammelt.

Glas – einige praktische Hinweise

Glas ist im Fachhandel mit den verschiedensten Oberflächen (etwa klar und opak) oder auch als »Überfangglas« erhältlich. Dabei handelt es sich um klares Glas, auf das eine dünne Farbschicht aufgetragen wurde. Gehärtetes Klarglas (das zur Herstellung eines sicheren Schutzschirms für den Garten gebraucht wird) ist ebenfalls in den meisten Fachgeschäften erhältlich. Diese Glassorten können für wenig Geld im Fachhandel auf die gewünschte

Glas

Größe zugeschnitten werden. Buntglas kann man in Scheiben oder als Schnittabfall in Fachgeschäften kaufen. Schnittabfall ist viel preiswerter als Glas in Scheiben und ein ideales Medium für den Anfänger.

Ätzen und Sandstrahlen sind populäre Methoden zur Dekoration von Glas, aber da Glas bei der erstgenannten Technik in Flusssäure getaucht werden muss und für die zweite ein Sandstrahlgerät erforderlich ist, sind diese Bearbeitungsmethoden auf professionelle Ateliers beschränkt. Vielleicht können Sie geätztes oder sandgestrahltes Glas in einem solchen Atelier bestellen. Doch mit Säurepaste, die im Glasfachhandel erhältlich ist und einfach auf Glas aufgemalt wird, lässt sich eine ähnliche Wirkung wie bei geätztem Glas erzielen.

Fensterglas kann mit Glasfarbe bemalt werdenund erhält dadurch eine buntglasähnliche Wirkung.

Für Glasarbeiten brauchen Sie je nach Größe und Komplexität des Projekts einen Glasschneider, eine Glasbrechzange, einen Lötkolben, Flussmittel (das auf das Lötmittel aufgetragen wird, um es weicher zu machen), ein Bleimesser und Bleizement sowie einen Holzrahmen, um die Komposition zu sichern. Um Kompositionen aus Buntglas oder klarem Flachglas zu rahmen, brauchen Sie Bleistreifen. Diese haben auf beiden Seiten Rillen, in die das Glas eingeschoben und einzementiert wird.

Das Bemalen von Glas ist die einfachste Glastechnik überhaupt und der beste Ausgangspunkt für Anfänger. Sie brauchen nur ein Stück klares Glas, einen Pinsel und etwas Glasfarbe. Farbige Wirkungen entstehen durch den Auftrag von Emailfarben (für transparente Farben) oder Eisenoxiden (für opake Farben) mit einem feinen Pinsel. Um die Farbe für den Einsatz im Freien zu fixieren, sollte das Glas in einen Brennofen gegeben werden. Zum Glasschneiden braucht man etliche Praxis, um es perfekt zu beherrschen – führen Sie den Glasschneider in langen, geraden Linien von einer Kante zur anderen, statt zu versuchen, eine ganze Form auszuschneiden. Wenn das Glas, das Sie schneiden wollen, zerbricht, bewahren Sie es für ein farbenfrohes Glasmosaik auf. Sie sollten immer eine Maske bei der Glasmalerei tragen, um keine Dämpfe einzuatmen. Beim Schneiden setzen Sie eine Schutzbrille auf.

GALERIE – Farbe

Ganz oben: Der Künstler Peter Freeman hat Neonlicht zu einer Kunstform erhoben. Zu der Installation *Trees of light* wurde er durch die alte Tradition des Baumschmückens angeregt. Die strahlenden Farben und einfachen abstrakten Formen zeigen das aufregende Potential von Neonlicht in einer Gartenlandschaft.

Oben: Einfache Rechtecke aus farbigem Glas wurden verbleit und in einem festen Rahmen befestigt. Die Komposition wurde an einer Stelle angebracht, wo Licht einfällt. Eingerahmt von *Humulus lupulus* »Aureus« ist sie ein farbenfroher und origineller Schutzschirm.

Mitte links: Diese dünnen blassgelben Glasröhren, die sich aus dem Blattwerkgewirr wie schlanke Türme erheben, sind eine sehr originelle Gartenbeleuchtung für den Abend. Erfolgreich kombinieren sie Funktion und Dekoration in einer Farbe, die auch bei einigen Pflanzen in ihrer Nachbarschaft anzutreffen ist.

Links: An einem Rohrstock befestigt, bildet diese kurvige Spirale einer Antenne aus Draht und farbigen Glasperlen von Jan Powers einen Kontrast zu den gerade wachsenden Gräsern im Hintergrund und wetteifert mit den bunten Blüten der Gemeinen Schafgarbe (*Achillea millefolium* »Lilac Beauty«) um Aufmerksamkeit.

Oben: Bunte Glaskugeln können in Tönen ausgewählt werden, die die Pflanzen in ihrer Umgebung ergänzen. Die goldene Kugel im Vordergrund reflektiert und intensiviert das Gelb und Lila der Blumen, während die dunkelblaue Kugel mit dem Hintergrund verschmilzt. Die Kugeln können an einem Rohrstock oder an Drahtstangen befestigt oder an feinem Draht aufgehängt werden.

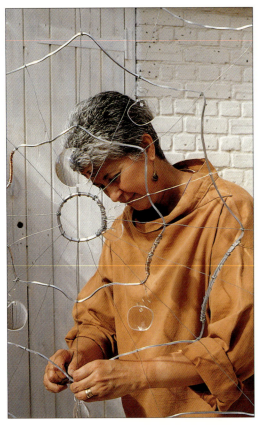

»Einfache Materialien können zu einer auffallenden Komposition verarbeitet werden, die eine bestimmte Stelle im Garten besonders hervorhebt.«

Myrna Gray

MyrnaGray
Glasnetz

»Ich habe schon immer gerne mit verschiedenen Medien gearbeitet«, berichtet Myrna Gray, eine Künstlerin aus Kent. »Ich mag die Aufregung, die ein Material bei einem anderen auslöst.« Bei Grays Materialien handelt es sich oft um wiederverwertete Dinge wie alte Holzstücke und Kiesel, Bambusstangen und Drahtspiralen; aus diesen Materialien fertigt sie die verschiedensten Objekte speziell für die Platzierung im Freien an. Stücke, die Töne mit optischen Effekten mischen, etwa Mobiles und Windspiele, interessieren sie besonders. Oft wird sie von der Natur zu ihren Werken angeregt – sie hat ihr erstes Mobile für ihren Garten hergestellt und probiert dort ständig neue Ideen aus. Gray verbindet Kunst und Erziehung, indem sie Bildhauerei unterrichtet und gleichzeitig als Künstlerin tätig ist.

Das hier vorgestellte Glasnetz ist eine neue Interpretation der ländlichen Sitte des Baumschmückens. Gray wollte ein Werk herstellen, das die organische Schönheit der Bäume in ihrem Garten ergänzt. Als sie nach einem reflektierenden, glänzenden und schimmernden Material suchte, das auf jahreszeitliche und atmosphärische Veränderungen reagiert, hatte sie die Lösung direkt vor der Nase – nämlich die Gläser ihrer Brille. Sie wählte die Netzform, weil sie eine widersprüchliche Natur hat – schön, aber gefährlich, wie Glas auch. Das Netz lässt sich einfach herstellen und besteht aus leicht erhältlichen Materialien, aber die detaillierte Drahtarbeit kann zeitaufwendig sein.

Dieses Glasnetz reagiert auf das Wechselspiel der Elemente, fasziniert das ganze Jahr über und lässt seinen bescheidenen Ursprung aus Draht und alten Brillengläsern vergessen.

Glas

1 Zeichnen Sie die Netzform (ca. 110 cm Ø) auf ein großes Stück Karton. Biegen Sie dicken Aluminiumdraht zu dem kleinen Kreis in der Mitte und zu dem Außenkreis zurecht. Passen Sie dünneren Aluminiumdraht an die anderen Bleistiftlinien an. Kleben Sie bei der Arbeit alle Drahtstücke mit Kreppband fest.

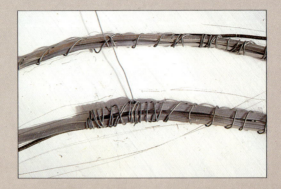

2 Um eine Verbindung herzustellen, legen Sie die Enden übereinander und umwickeln sie diese fest mit dünnem verzinktem Draht. Drücken Sie das Verbindungsstück mit der Zange zusammen, um es abzuflachen und fest zusammenzuhalten. Achten Sie darauf, dass die Verbindungen eine Linie bilden und möglichst ordentlich sind.

Material und Ausrüstung

Stift, Karton, quadratischer Aluminiumdraht (5 mm und 3 mm dick), Drahtabschneider, Kreppband, Zange, verzinkter Draht (0,5 mm stark), Glas- oder Kunststofflinsen, elektrischer Handbohrer, dünnes Stahlbohrstück, Schutzbrille, Knete, Holzlöffel oder Dübel.

3 Wenn alle Kreise des Netzes an Ort und Stelle festgeklebt sind, beginnen Sie die Arbeit an den geraden »Speichen« aus dünnem Draht, die Sie miteinander verbinden. Entfernen Sie das Kreppband jetzt noch nicht. Schneiden Sie ein Stück dünnen Draht ab und wickeln Sie ihn fest um den äußeren Punkt des äußeren Kreises. Drücken Sie das Ende mit der Zange zusammen, so dass es nicht verrutscht. Wickeln Sie denselben Draht nun wie zuvor fest um den nächsten Innenkreis. Verbinden Sie die Kreise weiter mit den dünnen Drahtspeichen, bis die gesamte Zeichnung darunter abgedeckt ist. Entfernen Sie das Kreppband und hängen Sie das Netz auf.

4 Wenn Sie Glaslinsen verwenden, müssen diese mit einem Diamantbohrer durchbohrt werden (ein Glashändler oder Glaser kann dies möglicherweise übernehmen). Glaslinsen sind schwerer als Kunststofflinsen, aber sie haben den Vorteil, dass ein angenehmer Ton entsteht, wenn sie sich im Wind berühren. Wenn Sie lieber Kunststofflinsen verwenden, können Sie die Löcher selbst bohren. Tragen Sie immer eine Schutzbrille, und nehmen Sie ein dünnes Hochgeschwindigkeitsbohrstück. Polstern Sie die Linsen auf etwas Knete ab, und bohren Sie vorsichtig so nah wie möglich am Rand. Verwenden Sie dicke Linsen, da dünne zerbrechen können.

Drahtfedern

Zur Herstellung der Drahtfedern, an denen die Linsen aufgehängt werden, wickeln Sie dünnen Draht um den Griff eines Holzlöffels oder einen Holzdübel. Schieben Sie die Linse auf den Draht und biegen Sie den Draht zur Sicherung um das Loch zu einer Schlinge zurecht.

Glas

5 Hängen Sie die Linsen an den Drahtfedern an das Netz, indem Sie die Drähte um das Netz wickeln und das Ende mit der Zange befestigen. Mit Hilfe der Federn bewegen sich die Linsen im Wind und sorgen für eine wunderschöne optische Wirkung.

Standort und Befestigung

Wenn Sie das Netz in einen Baum hängen, befestigen Sie es nicht mit Draht. Schnur, Kordel oder ein dünnes Seil sind freundlicher zu Bäumen. Im Halbschatten wirkt das Netz faszinierend; Sonnenlicht wird von den Linsen reflektiert; ein schöner Ausblick hinter dem Netz betont das Werk und kann durch die Linsen betrachtet werden, wenn das Netz niedrig genug hängt. In der Nähe einer schlichten Mauer lässt das Netz fantastische Schatten und Lichtbrechungen entstehen. Diese Wirkung kann abends durch Beleuchtung betont werden, wenn Sie das Netz beispielsweise auf der Terrasse aufhängen. Wenn Sie Gartendraht verwendet haben, können Sie es mit metallischer oder fluoreszierender Sprühfarbe besprühen. Dünner Kupferdraht kann ebenfalls um das Netz gewickelt werden; er wird oxidieren und die Farbe ändern, so dass interessante Effekte entstehen.

»Glas ermöglicht dir, mit Licht zu malen, so dass eine ganz eigene, prächtige Palette entsteht.«

Sue Woolhouse

SueWoolhouse
Farn-Fensterbilder

Die Buntglaskünstlerin Sue Woolhouse lebt und arbeitet im Nordosten Englands, wo im siebzehnten Jahrhundert das erste Buntglas Großbritanniens hergestellt wurde. In einem Grundkurs, in dem sie die Glasbläserei erlernte, hatte sie ihre erste Begegnung mit Glas. Das Material faszinierte sie, und sie begann, damit zu experimentieren. Dabei fand sie eine Möglichkeit, Glas zu Platten zusammenzuschmelzen, die die perfekte Oberfläche für flache Dekorationen bieten. Später lernte sie Buntglaskünstler kennen, was ihren künstlerischen Weg veränderte, wie sie sagt. »Ich habe meine Arbeit immer als Lichtmalerei betrachtet.«

Heute arbeitet Woolhouse in ihrem eigenen Atelier. Sie unternimmt Projekte mit Schulen und örtlichen Gruppen und übernimmt Privataufträge. Zur Bearbeitung der Glasoberfläche setzt sie viele Techniken ein: Ätzen, Bemalen und Sandstrahlen. Ihr Werk widerspiegelt ihr Interesse an der Gärtnerei – Rosen, Narzissen und Farne sind häufige Motive in ihren Buntglasarbeiten. Ursprünglich wählte Woolhouse Gartenflora, weil sie die Natur auf diese Weise ins Haus holen konnte; doch in letzter Zeit hat sie Glasarbeiten auch draußen zur Schau gestellt.

Bei den hier vorgestellten Fensterbildern steht der zarten Struktur des Farns ein starker linearer Umriss gegenüber. Die meisten in diesem Projekt eingesetzten Techniken sind nicht besonders schwer zu erlernen, aber Geduld und Sorgfalt sind wichtig, besonders beim Ausschneiden der Details der Farnform und beim Verbleien.

Die Schönheit des von Hand gemalten Farns, der mit Blei eingefasst und an Angelschnur aufgehängt wurde, ist in einer gefälligen modernen Komposition eingeschlossen und wird durch das vom Glas eingefangene Licht intensiviert.

Glas

Material und Ausrüstung

Stift, Millimeterpapier, Glas (17 x 17 cm), Glasschneider, Fablon (Vinyl mit klebender Rückseite), Farne, Kreppband, Skalpell, Email-, Acryl- oder Ölfarbe, breiter Pinsel oder Schablonenpinsel, Schraubstock, ein Stück flaches Blei (12 mm), Teppich- oder Bleimesser, Hammer, Reißzwecken, Bleiglaszement, Zahnbürste, Puder, Kupferdraht (2 mm dick), Drahtwolle, Zebo-Bleipolitur, Schuhbürste.

1 Bitten Sie einen Glaser, ein Stück Glas in der gewünschten Größe zuzuschneiden. Sie können es auch selbst mit einem Glasschneider zuschneiden. Als erstes zeichnen Sie die Form auf Millimeterpapier. Legen Sie ein Stück Glas auf den Umriss und tauchen Sie die Spitze des Glasschneiders in Öl. Schneiden Sie von sich weg, wobei Sie festen und gleichmäßigen Druck ausüben. Um das Glas zu brechen, greifen Sie es an der Schnittlinie mit der Zange, halten es an der anderen Seite fest und brechen es entlang der Linie durch. Versuchen Sie nicht, alle vier Seiten auf einmal zu schneiden, da das Glas dann vermutlich zerbricht – schneiden Sie eine Seite von Kante zu Kante zu und brechen Sie das Glas durch. Dann gehen Sie zur nächsten über und so weiter.

2 Schneiden Sie ein Stück Fablon in Glasgröße zu; kleben Sie es auf das Glas. Machen Sie eine Fotokopie von dem Farn und schattieren Sie die Rückseite des Papiers mit Bleistift. Kleben Sie es mit Kreppband auf das Fablon-Material, wobei die schattierte Seite nach unten zeigt. Fahren Sie mit dem Stift dem Umriss der Fotokopie nach; der Stift hinterlässt eine Umrisslinie auf dem Fablon. Entfernen Sie die Fotokopie; schneiden Sie vorsichtig mit einem Skalpell entlang der Bleistiftlinie, entfernen Sie dabei nach und nach die Form des Farns, so dass das Glas darunter sichtbar wird.

3 Malen Sie die auf dem Glas freigelegte Farnform mit Email-, Acryl- oder Ölfarbe aus. Sobald die Farbe trocknet, fahren Sie mit einem breiten Pinsel oder einem Schablonenpinsel über die Oberfläche, um sie zu glätten und Struktur zuzufügen. Nach dem Trocknen ziehen Sie das Fablon-Material ab, so dass nur die Farnform auf dem Glas zurückbleibt.

4 Spannen Sie das Blei in den Schraubstock. Mit dem Teppich- oder Bleimesser schneiden Sie vier Stücke für die vier Seiten des Fensterbilds zurecht, (an allen Enden 2 cm für mögliche Fehler zugeben) – diese Stücke werden später abgeschnitten. Schneiden Sie je ein Ende aller Bleistücke auf Gehrung zu (Winkel von 45 Grad).

5 Richten Sie zwei der auf Gehrung geschnittenen Ecken aneinander aus, so dass ein Winkel von 90 Grad entsteht; schieben Sie das Glas in die vorhandenen Rillen. Hämmern Sie Nägel oder Reißzwecken an den Außenkanten des Glases ein, oder legen Sie sie an eine gerade Kante, damit sich nichts verschiebt. Wenn Sie die anderen beiden Seiten des Rahmens zusammensetzen, schneiden Sie die unbearbeiteten Enden der Bleistücke auf Gehrung zu, während Sie sie gleichzeitig auf die richtige Größe anpassen.

Glas

6 Geben Sie Lötmittel auf die Innenkante der Ecken. Entfernen Sie die Reißzwecken, wenden Sie das Werkstück; auf der Rückseite wiederholen. Drücken Sie die Ecken zusammen, bis die Verbindungen bündig sind. Die Außenkanten des Bleis mit einem Löffelstiel zusammendrücken. Tragen Sie mit der Zahnbürste Bleiglaszement auf, um die Lücke zwischen Blei und Glas zu füllen, wobei das Glas im Rahmen fixiert und wasserdicht gemacht wird. Entfernen Sie überschüssigen Zement mit Puder.

Standort und Befestigung

Wenn das Glas fest verankert ist, löten Sie einen Kupferhaken an die Rückseite des Bildes. Reinigen Sie die Bleioberfläche mit Drahtwolle und schwärzen Sie sie mit Bleipolitur, die mit einer Schuhbürste aufgetragen wird. Anschließend kann das Bild mit Einziehdraht im Garten aufgehängt werden – Pergolen, Bögen und Äste sind ideale Standorte, da das Bild dort das Licht einfangen kann. Wenn es vor einer Wand aufgehängt werden soll, muss es möglicherweise aus farbigem Glas angefertigt werden, damit es sich abhebt. In einer geschützten Ecke kann man auch zwei Bilder zusammen aufhängen, die ein angenehmes Geräusch ergeben, wenn sie zusammenstoßen.

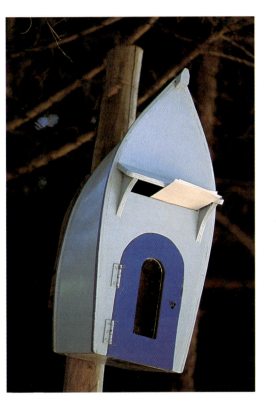

Bäume werden seit Jahrtausenden aufgrund ihrer Schönheit bewundert und wegen ihrer praktischen Einsatzmöglichkeiten geschätzt. Im Garten formt und schützt Holz, es bietet Schatten, findet Einsatz als Rahmen für Kletterpflanzen und als Sitzplatz. Außerdem war es schon immer eine Inspirationsquelle für Künstler und Handwerker, die es geschnitzt oder zu vielfältigen Formen zusammengesetzt haben, die von funktionalen Gegenständen bis zu Skulpturen reichen, oder die es mit schönen Schnitzereien versehen haben.

Holz

Links: Von Flut und Zeit gewaschen, trägt gefundenes Holz mit einer strukturreichen Oberfläche, abblätternder Farbe und Nagellöchern die Geschichte seines früheren Einsatzes zur Schau. **Oben:** Dieser hölzerne Briefkasten mit nautischem Thema zeigt durchdachtes Design und schöne Details.

Holz

Rechts: Diese flämische Illustration (um 1440) zeigt einen aus Holzstangen und Latten bestehenden Laubengang, der mit Weintrauben behangene Weinranken stützt.

Ganz rechts: Das aus Holztafeln bestehende Tor mit Rundbogen in einer alten Mauer ist mit der Zeit gealtert.

Holz – Geschichtliches

Aus ökologischer Sicht haben Bäume grundlegende Bedeutung für unser Überleben. Als Brennstofflieferant und zu Schutzzwecken haben sie praktische Bedeutung. Seit Gründung der ersten Siedlungen in vorgeschichtlicher Zeit wurde Holz als Brennstoff für den Brennofen des Töpfers und Glasherstellers verwendet, während die Rinde Tannin zum Gerben von Leder lieferte. Bäume dienten auch als Farbstoffquelle – Holunderrinde produzierte einen schwarzen Farbstoff, die Erle ein gelbbraunes Rot und Eiche einen braunen Farbstoff. Wurzeln, Blätter, Früchte und Beeren von Bäumen und anderen Pflanzen wurden ebenfalls zum Färben verwendet. Zurechtgeschnittenes und gedrechseltes Holz diente zum Bau der ersten Webstühle und Spinnräder; es lieferte Griffe für Werkzeuge und Waffen, Baumaterial für Schiffe und einfache Möbelstücke. Später wurde es Ausdrucksmittel für Dekorationen und Skulpturen. Viele unserer Vorfahren arbeiteten mit Holz, und seine Bedeutung widerhallt in Nachnamen wie etwa Drechsler.

Holz wurde zu funktionalen und dekorativen Gartenstrukturen verarbeitet, seit der Gartenbau zu einer Kunstform geworden ist. Die alten Ägypter bevorzugten formelle Gärten, in denen Holz und Wasser, beides rare und kostbare Rohstoffe, eine

Holz

Schlüsselrolle spielten. Im Grab des Rekhmra von Theben, das im zweiten Jahrtausend v.Chr. erbaut wurde, zeigt das Wandgemälde einer Gartenszene einen umschlossenen Raum mit einem rechteckigen Teich in der Mitte. An drei Seiten befinden sich Baumalleen, und die Bäume der mittleren Reihe lassen sich leicht als Dattelpalmen identifizieren. In anderen ägyptischen Gärten bildeten Holzpergolen, die oft mit Malereien und Schnitzereien geschmückt sind, einen nützlichen und dekorativen Rahmen, an dem Weinranken wucherten und sowohl Früchte lieferten als auch Schatten spendeten.

Wir wissen von erhalten gebliebenen Friesen und Wandgemälden, dass die Römer ebenfalls architektonische Konstruktionen in ihren formellen Gärten errichteten, wobei sie miteinander verflochtene Latten in geraden und gekrümmten Konfigurationen zu Balustraden, Bögen und Pergolen verarbeiteten. Holz wurde jedoch meist für Gitterwerk und andere Pflanzenstützen eingesetzt, während Marmor, Stein und Mosaik eher dekorativen und skulpturalen Anwendungen vorbehalten waren. Der römische Garten wurde zum Vorbild für viele Gartenentwürfe, in denen Gitterwerk, Brunnen und Statuen charakteristische Merkmale waren.

In den umschlossenen mittelalterlichen Gärten waren Pergolen, Gartenhäuser und tunnelartige Gitterkonstruktionen, die oft mit einer Kombination aus Weinranken, Rosen, Efeu und Geißblatt überwuchert waren, weiterhin populär, da sie Schatten boten und gleichzeitig dekorativ waren. Zimmerleute wurden zur Herstellung von Toren, Latten- und Flechtzäunen eingestellt, um Gartenumzäunungen und Pferche für Tiere zu errichten.

Vom fünfzehnten bis zum siebzehnten Jahrhundert hatte das italienische Gartendesign großen Einfluss auf das restliche Europa. Die Gärten der italienischen Renaissance dienten in erster Linie dazu, die Sinne zu erfreuen. Die Gärten, in denen Wasser, Statuen, Balustraden und formelle Anpflanzungen dominierten, wurden an Abhängen mit schöner Aussicht und kühlender Brise angelegt. Holz diente zum Bau komplizierter Laufgänge, Lauben, Bögen und riesigen Rahmen, die von duftenden Kletterpflanzen wie Jasmin überwuchert wurden. Obwohl wir frühe Beispiele nur aus schriftlichen Berichten und Illustrationen kennen, haben spätere Gärten wie von der Villa d'Este in Tivoli (1580) überlebt.

In den prächtigen Gärten von Nonsuch, dem 1682 zerstörten Palast von Heinrich VIII. in Surrey, wurde viel Holz für funktionale und künstlerische Zwecke eingesetzt. Zäune, mit denen die formellen Blumenbeete geschützt wurden, wiesen kunstvoll geschnitzte Pfosten in der Form vergoldeter, grün-weiß angemalter Wappentiere auf, die Flaggen trugen. An anderer Stelle wurden diese geschnitzten und bemalten Wappentiere in regelmäßigen Abständen auf hohe Stangen gesetzt, während Holzmöbel mit auffallenden Streifen bemalt wurden und zur Richtlinie für die Mode bemalter und geschnitzter Gartendekorationen wurden, die im ganzen sechzehnten Jahrhundert anzutreffen waren.

Ein anderes Merkmal des Tudor-Gartens waren Holzgalerien, die entlang der Außenwände errichtet und hin und wieder von Sitzplätzen unterbrochen wurden. Diese Laufgänge verbanden verschiedene Bereiche des Gebäudes mit dem dahinter liegenden Garten und führten oft zu einem künstlichen Hügel, auf dem bisweilen eine kleine hölzerne Laube oder, wie im Fall von Nonsuch, ein kunstvolles Gartenhaus stand. Gitterwerk war weiterhin beliebt und wurde oft in den Wappenfarben des Besitzers bemalt. Rankrahmen waren ebenfalls häufig anzu-

Holz

Rechts: Diese moderne Holzbrücke ist ihrer Umgebung wohlüberlegt angepasst. Feine Dekorationen in Kombination mit traditionellen Materialien und Methoden ergeben eine erfolgreiche Reproduktion.

Ganz rechts: Holzgebäude formeller und informeller Art waren in Gärten schon immer beliebt. Dieses verfallene Baumhaus aus dem neunzehnten Jahrhundert liegt tief versteckt im Wald.

treffen. Sie wurden aus Holz in der Form von Vögeln, Galeonen und Pyramiden errichtet und dienten als stabile Rahmen für Kletterpflanzen.

Vom sechzehnten Jahrhundert an sorgte der Schiffsbau für starke Entforstung. Für ein großes Schiff mussten 2000 Bäume gefällt werden. Die Beschaffung von Brennmaterial für die Öfen der industriellen Revolution und Bauholz forderten hohe Opfer, während die Einführung der dampfbetriebenen Kreissäge zu Beginn des achtzehnten Jahrhunderts zu einer Abnahme der traditionellen Fähigkeiten bei der Holzbearbeitung führte und die Zerstörung großer Baumbestände vorantrieb.

Im achtzehnten Jahrhundert standen Gartenmöbel im Mittelpunkt großer Kunstfertigkeit und handwerklichen Könnens. Das Ideal des englischen Landschaftsgartens hatte eine lang anhaltende Auswirkung auf Großbritanniens ländliche Umgebung. Die Landschaft wurde buchstäblich umgestaltet: Zäune wurden durch versenkte Grenzzäune ersetzt, die das Vieh daran hinderten, in die Gärten zu wandern, und gleichzeitig dafür sorgten, dass das Panorama nicht versperrt wurde; Bäume wurden in natürlichen Gruppen angepflanzt; man legte Teiche in Naturformen an; und es wurden romantische Prachtbauten und hölzerne Klausen errichtet.

Die oft komplexen Klausen verlangten nach gleichermaßen komplizierten Möbeln. Zu jener Zeit beeinflusste die chinesische und indische Kultur viele Bauten. So zeigen zeitgenössische Illustrationen orientalische Details an Sitzplätzen aus Holz, die um immergrüne Bäume errichtet wurden.

Thomas Chippendale (1718–79), der Möbel für die großen Häuser der damaligen Zeit anfertigte, stellte auch Arbeiten für Gärten her. In *The Gentleman and Cabinet Makers' Director* (1754), einem Katalog mit seinen Möbeldesigns, beschreibt er »zwei Modelle für hölzerne Gartenstühle und eine Bank«. Er empfiehlt, dass ein frühgeorgianischer Stuhl mit einer Lehne in Form einer geschnitzten Muschel und Gitterwerk »an den Enden von Avenuen aufgestellt werden sollte«. Ein hübscher Stuhl mit einer durchbrochenen und geschnitzten Rückenlehne mit Spaten, einem Rechen und anderen Gartengeräten, die von einem dekorativen Pflanzenrahmen umgeben sind, wird als »geeignetes Möbel für Lauben oder Gartenhäuser beschrieben«. An anderer Stelle gibt es Entwürfe für Chinoiserie-Stühle, die für »chinesische Tempel« geeignet sind.

Holländische und englische Siedler in Amerika wurden von europäischen Gartendesigns einschließlich der damals modischen Chinoiserie beeinflusst. Von den fünfziger Jahren des achtzehnten Jahrhunderts an war alles Chinesische – auch im Bereich der Gartenmöbel – sehr gefragt. Chippendales Chinoiserie-Entwürfe waren sehr beliebt und Ende des

Holz

achtzehnten Jahrhunderts wurden Chippendale-Stücke in der Nähe von Philadelphia hergestellt.

Im neunzehnten Jahrhundert war Holz nur eines von vielen Materialien, die im Garten verwendet wurden. Gusseisen, Glas, Segeltuch oder Terrakotta nahmen oft seinen Platz ein. In Nordamerika war Holz das wichtigste Material der Volkskunst; es wurde im Garten besonders für Windräder eingesetzt. Diese figürlichen Kompositionen, bei denen der Propeller Teil des Designs wurde, waren vertraute Orientierungspunkte auf dem Land. Mehrere Beispiele aus dem neunzehnten Jahrhundert sind noch heute zu besichtigen. Zwei Windräder aus Neuengland sind im Museum of American Folk Art ausgestellt und heißen »Witch on a Broomstick« (bemaltes Holz, Zweige und Metall) und »Uncle Sam Riding a Bicycle« aus bemaltem Holz und Metall.

Heute sind Naturwälder und Forste weltweit stark dezimiert. Die Tatsache, dass Kunsthandwerker Wert auf den Schutz der Wälder legen und gegen den Raubbau kämpfen, hat zur Suche nach alternativen Materialien und anderen Produktionsmethoden geführt. Holz aus regenerierbaren Ressourcen wie Forst- und Dickichtrodung, die Wiederverwertung von architektonischem Material oder Bauabfällen, Treibholz oder das Holz sturmgeschädigter Bäume haben einen neuen Schlag von Kunsthandwerkern entstehen lassen. Altholz ist nicht wie neues Holz, aber es verfügt über ein reiches Potential, das die Hersteller schnell zu nutzen wussten.

Holz

Holz im Garten

Holz ist ein Naturelement im Garten. Frisch gefälltes Holz wird heller, reift und passt sich der Umgebung harmonisch an; im Verlauf der Zeit wird es von Flechten und Moosen überwachsen, die die reiche Patina und Mischung der im Holz vorhandenen Farben ergänzen. Manche Gärtner beobachten diesen Alterungsprozess so gerne, dass sie Platz schaffen für alte Holzscheite und Baumstümpfe, um das sich wandelnde Aussehen des verrottenden Holzes zu genießen, das zudem wildlebende Tiere anzieht.

Alte Zaunpfähle, Sparren und Planken sind ausgezeichnetes Ausgangsmaterial für Gartenmöbel. Für diejenigen, die Holz wiederverwerten, ist es das Material selbst mit den im Verlauf der Zeit erworbenen Markierungen – die Reste von Flechten oder die Spuren der Holzfälleraxt –, die zu einem Werk anregen. Eine andere Ästhetik entsteht, wenn die Flut ihre Treibholzernte heranträgt. Die glättenden und bleichenden Wirkungen von Meer und Sand verleihen dem Material eine besondere Attraktivität. Sitzgelegenheiten sind in jedem Garten wichtig.

Gartenmöbel aus Holz gibt es in verschiedensten Stilrichtungen, angefangen bei einfachen, grob bearbeiteten Baumstämmen, die als Sitzplatz dienen, bis hin zu raffinierten Lutyens-Bänken. Eisenbahnschwellen ergeben ebenfalls ausgezeichnete Sitzgelegenheiten und sind eine gute Möglichkeit, Holz wiederzuverwerten. Wichtig ist, dass Ihre Kreationen sich der Gartenanlage anpassen und mit der Architektur des Hauses und der Inneneinrichtung harmonieren. Wenn man in den Garten hinausblickt, sollte eine gewisse Kontinuität und kein offensichtlicher Stilbruch bestehen. In einem Bauerngarten mit seinen vollblühenden Rosen und der wilden Vielfalt von Pflanzen wäre eine komplizierte, formelle Tischlerarbeit unpassend, während ein einfacher Sitzplatz in Form einer Bank oder Sitze aus einem Eichenstamm vom Stil her passen würden.

In den meisten Fällen sind die Designregeln für Holzmöbel flexibel. In einem minimalistischen Garten etwa kann ein einfacher Stuhl aus Holzleisten mit anderen Holzelementen, etwa einem Holzdeck, kombiniert werden, so dass wohlgefällige asymmetrische Kompositionen entstehen. Bei der Verwendung von rezykliertem Holz gelten dieselben Prinzipien. In einem etablierten Garten harmoniert ein Stuhl aus Treibholz mit seinem abgenutzten, geglätteten Aussehen mühelos mit der reifen Bepflanzung. Auf einer schicken Terrasse wird er zu einer Skulptur, wenn er von architektonischen Pflanzen wie Neuseeländischem Flachs oder Keulenlilien

Rechts: Eine lockere Barriere aus Keramikstangen, die jedoch stark an Holz erinnern, hat in diesem wilden Garten einen harmonischen Standort gefunden. Holzdecks ergänzen den natürlichen Eindruck.

Mitte: Dieses Holzkrokodil, das aus einem einzelnen Holzstamm geschnitzt wurde, ruht sich am See in Parnham House in Dorset aus.

Ganz rechts: Rezykliertes Holz ist ein umweltfreundliches Zaunmaterial. Hier wurde ein Fenster in der Form einer Möwe ausgeschnitten.

Holz

umgeben ist. Eine aus einem einzelnen Baumstamm geschlagene, geschnitzte Bank kann als Skulptur ähnlich effektvoll sein.

Es ist wichtig, Sitzgelegenheiten in den Garten zu integrieren. Eine Bank oder ein Stuhl können in Laubengängen aus Rundbögen, die mit Rosen bewachsen sind, weicher gestaltet werden, was auch durch die Einführung eines ergänzenden Pflanzschemas in Töpfen erzielt werden kann oder durch Einpflanzen in die Erde, so dass die Pflanzen um die Beine der Sitzgelegenheiten wachsen. Pflanzen Sie zu diesem Zweck etwa Geranien an, etwa die Büschel bildende *G. cinereum* »Ballerina« mit ihren zarten Blättern und Blüten oder *Pulmonaria saccharata* mit ihren lilafarbenen Blüten. Büsche oder Laubwerk im Hintergrund können ebenfalls wirkungsvoll sein: Möbel aus reifem Holz heben sich wunderbar von dem leuchtend roten Herbstlaub des Wilden Weins (*Parthenocissus quinquefolia*) ab.

Holz

Holz

Architektonische Konstruktionen wie Pergolen, Bögen und Laubengänge ermöglichen einen glatten Übergang vom Haus in den Garten und bieten optische Abwechslung, indem sie die Landschaft betonen: am Ende des Gartens vertiefen Sie die Perspektive, mit Kletterpflanzen bewachsen ergeben sie attraktive organische Formen. Pergolen schaffen die Illusion von Raum und das Gefühl des Unentdeckten. Sie können auch zur Betonung eines Gartenornaments eingesetzt werden, obwohl der Betrachter im Idealfall nach einem so eindrucksvollen Weg mit einer feinen Arbeit belohnt werden sollte.

Als Standardmaterial für Pflanzenstützen wird Holz vielseitig eingesetzt, angefangen bei massenproduzierten Pflanzengittern bis zu stabilen Dreifüßen und Pfosten für Stangenbohnen, Kletterrosen und andere Kletterpflanzen. Einfache Pfosten können bemalt oder gebeizt oder durch dekorative Abschlüsse (etwa aus Metall ausgeschnittene Formen, Holzkugeln oder Wetterfahnen) betont werden.

Holz ist ein oft verwendetes Material für Zäune und genauso nützlich, um Bereiche im Garten abzutrennen oder zu umschließen. Jeder Zaun kann durch achtsame Bepflanzung weicher gestaltet werden. Klematis wächst gut, wenn sich die Wurzeln im Schatten und der obere Bereich in der Sonne befindet, so dass sie eine Kletterpflanze für Zäune ist.

Zäune können solide sein, um für Privatsphäre und Abgeschiedenheit zu sorgen, oder offen, so dass man die Aussicht dahinter genießen kann.

Ganz links: Dieses patriotische Zaungatter aus wiederverwertetem Holz, das mit der amerikanischen Flagge bemalt wurde, erinnert an amerikanische Volkskunstarbeiten, wie sie Mitte des neunzehnten Jahrhunderts populär waren.

Links: Ein zeitgenössisches französisches Tor aus Naturholz, bemaltem Holz und Metallketten ist weniger funktional, jedoch sehr dekorativ.

Staketzäune, die für die Gartenlandschaft von Neuengland typisch sind, bilden eine ornamentale, keine funktionale Barriere. Sie sind oft weiß angemalt, mit Schmuckelementen auf den Pfosten versehen und bilden eine hübsche Abgrenzung. Muschelförmige Kanten oder Details im Gitterwerk sind eine weitere Möglichkeit, ein schmückendes Element einzuführen. Feste Zäune können optisch aufgebrochen werden, indem Muster aus Holz hinzugefügt werden: Leisten können in einer Zickzacklinie diagonal oder horizontal angeordnet werden, um starke lineare Kompositionen zu bilden, die dann gebeizt oder bemalt werden können.

Holzdecks, die amerikanischen Ursprungs sind, ergänzen die Holzhäuser von Nashville bis Carolina auf natürliche Weise. Holzdecks sind vielseitig und preiswert, so dass sie als Alternative für die Böden von Terrassen und Veranden und für Balkone immer beliebter werden. Außerdem bieten sie anstelle von Pflasterung oder Rasen eine gute Bodenabdeckung. Für Terrassen in einem abfallenden Garten sind sie ebenfalls ideal. Das Holz kann gebeizt oder in Farben angestrichen werden, die zu Gebäuden oder Konstruktionen in der Nachbarschaft passen. Man kann neues Bauholz aus regenerierbaren Ressourcen verwenden, doch in einer etablierten Gartenlandschaft passt wiederverwertetes Holz, das von den Elementen ausgehöhlt und abgenutzt wurde.

Diejenigen, die die lineare, minimale Natur von Holzdecks nicht mögen, können dekorative und dauerhafte Gehwege anlegen, indem sie abgesägte Holzblöcke im Boden versenken. Ihre runden Scheiben verbannen erfolgreich alle harten Linien aus der Gartenlandschaft.

Holz

Holz wird auch für dekorative Artikel wie Windspiele immer beliebter. Am Ende einer Stange angebracht, sorgt ein solches Windrad im Gartenschema für Höhe und verscheucht Vögel, obwohl es oft als Zierde effektiver ist und nicht besonders abschreckend wirkt. Eine hölzerne Wetterfahne erfüllt einen ähnlichen Zweck.

Vogelhäuser, Hundehütten, Hühnerställe, Taubenschläge – unser Interesse an Haustieren ist so groß, dass diese Holzkonstruktionen beispiellose Popularität genießen und es Künstlern ermöglicht, ihrer Kreativität freien Lauf zu lassen. Tierbehausungen beruhen im Allgemeinen auf der Architektur von Häusern, obwohl die Entwurfsmöglichkeiten praktisch grenzenlos sind. Wie die Windräder sind auch solche Arbeiten in der amerikanischen Volkskunst beliebt, und bezaubernde Beispiele sind überall in den USA anzutreffen.

Holz – praktische Hinweise

Im Allgemeinen stammen Harthölzer von Laubbäumen mit breiten Blättern wie Eiche, Esche, Ulme, Platane und Buche, während Weichhölzer von Nadelhölzern stammen (Kiefer, Zeder, Zypresse, Lerche und Föhre). Hart- und Weichhölzer können zur Herstellung von Artikeln für den Garten verwendet werden, doch das Wichtigste ist die Wahl eines dauerhaften Holzes, das nicht leicht verrottet und aus einer regenerierbaren Ressource stammt. Eiche und Kiefer sind immer eine gute Wahl, aber es gibt viele andere. Jede Holzart hat ihre eigene Unterschrift. Rosenholz duftet und hat eine satte Farbe, Eibenholz weist eine auffällige Maserung auf, die sehr effektvoll eingesetzt werden kann, während Platanenholz cremefarben ist und eine feine, dekorative Maserung hat. Bei sorgfältiger Auswahl wird die dem Holz eigene Schönheit das Aussehen von Gartenobjekten und Skulpturen unterstreichen.

Bauholz ist in Heimwerkerläden und Holzhandlungen erhältlich, doch Holz kauft man am besten direkt beim Sägewerk. Hier kann man den Baumstamm auswählen, aus dem das Werk für den

Rechts: Dieses rustikale amerikanische Vogelhaus von Richard Felber erinnert an ein Blockhaus. Es besteht aus blauem, rezykliertem Holz.

Ganz rechts: Ein bemaltes hölzernes Vogelhaus mit eigenem Schornstein und Haustür hat seinen perfekten, stillen Standort in einem schattigen, grünen Laubengang gefunden.

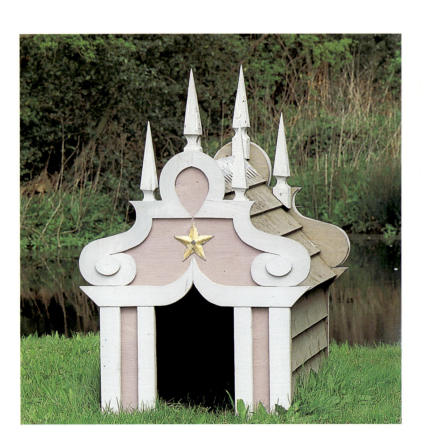

Links: George Carter hat diese verrückte Hundehütte in Rosa mit kunstvollem architektonischem Schmuck und Goldstern geschaffen.

Holz

Garten gefertigt werden soll. Die Mitarbeiter von Sägewerken verfügen über viel Fachwissen.

Gebrauchtes Holz findet man bei Abrissarbeiten; Sie können auch in Abfallcontainern an Baustellen suchen. Wenn Sie Treibholz verarbeiten wollen, müssen Sie nur auf die Flut warten. Wichtige Werkzeuge für Holzarbeiten sind Hammer, Schraubenzieher, Säge, Zange, Wasserwaage, Meißel, Hobel, Bohrer, Nägel, Bolzen, Schrauben, wasserfester Holzleim und Sandpapier. Tragen Sie beim Sägen und Schmirgeln eine Schutzbrille. Grundfähigkeiten in der Tischlerei sind wichtig. Anfänger sollten mit einfachen Konstruktionen beginnen, etwa einem Bogen für den Garten, bevor sie sich an größere Stücke, etwa Gartenmöbel, wagen. Ein Windrad oder eine Windfahne sind ebenfalls gute Projekte für Anfänger. Der Erfolg jedes Projekts hängt von der Planungsphase ab. Zeichnen Sie den Entwurf, der während der Arbeit immer zur Hand sein sollte, zuerst auf Papier auf und achten Sie darauf, dass das Holz richtig zugeschnitten wird.

GALERIE – Möbel

Rechts: Paul Andersons Bank besteht aus rezykliertem Material. Bei den Aufrechten handelt es sich um alte, mit Flechten bewachsene Zaunpfosten, während Armlehnen und Rückenlehne aus rezyklierten Stahlstangen bestehen. Die Sitzbank selbst wurde aus alten Latten gearbeitet. Obwohl diese Materialien ursprünglich rein funktional waren, offenbart Anderson ihre versteckte Schönheit.

Unten: Der Reiz dieser Arbeit aus rezykliertem Holz von Julie Tull liegt nicht in der kunstfertigen Tischlerarbeit, sondern in der Wahl und Kombination der Materialien. Der Standort auf der Veranda einer rustikalen Blockhütte ist perfekt.

Oben links: Einfache Möbel aus Baumstämmen werden seit Jahrhunderten von Handwerkern auf dem Land hergestellt. Diese Holzbank wurde aus dem Teil eines Baumstamms gearbeitet, der so zugeschnitten wurde, dass ein breiter, bequemer Sitz mit Rückenlehne entstand.

Oben: Diese sonnengebleichte Bank aus einem einzelnen Stück Eukalyptusholz trägt den Namen *Doppelspirale* und ist das Werk von Peter Adams. Hier am Meer hat sie ihren idealen Standort gefunden. Die beiden Enden wurden zu einer schönen, dekorativen Spiralmuschel geschnitzt und verleihen dem schweren Holzstück ein elegantes Profil.

Links: Die wellige Holzbank mit ihren hellen und dunklen Oberflächen und den monumentalen Kugelfüßen ist ein Werk von Clive West und Johnny Woodford. Die kurvigen Linien kontrastieren mit dem vorherrschend eckigen Gartendesign.

»Sammeln Sie jede Menge altes Material, bevor Sie anfangen – so steht Ihnen wie beim Malen praktisch eine ganze Farbpalette zur Verfügung.«

Kristy Wyatt Smith

Kristy**WyattSmith**
Schrank für draußen

Kristy Wyatt Smith ist Sammlerin – auf den Baustellen von London, wo sie ihr Atelier hat, bis hin zur südenglischen Küste sucht sie nach Holz, Metall, bedrucktem Papier und Draht. Für Treibholz hat sie eine Vorliebe und nutzt die verzogene Oberfläche, die feine Farbgebung und die weichen, vom Meer geglätteten Kanten. Sie verwandelt ihre Funde in dekorative Arbeiten wie Schränke und Stühle, die oft bewegliche Teile aufweisen und immer über viel Charme verfügen.

Wyatt Smith war ursprünglich Illustratorin, doch die zweidimensionale Arbeit enttäuschte sie und so begann sie, mit drei Dimensionen zu experimentieren. Auf einer Reise nach Indien entdeckte sie, welcher Erfindungsreichtum sich in Arbeiten aus rezykliertem Material spiegelt. Diese Erfahrung und ein Kursus in Holzarbeiten waren Anlass für ihre Wandlung zur Herstellerin dekorativer Möbel. Viele ihrer Stücke enthalten jetzt bewegliche Teile, die von Hand oder vom Wind betrieben werden und zum Beispiel Rennpferde oder Engel zum Leben erwecken.

Dieser Schrank für draußen kann neu hergestellt oder aus einem alten Fundstück umgearbeitet werden. Hier stehen dem Holz und den gefundenen Objekten die zarten Eigenschaften von zugeschnittenem Blech gegenüber. Die vielen Dekorationen und Holzdetails des Schranks können den Erfahrungen des Herstellers mit Holzarbeiten angepasst werden.

Dieser Schrank für draußen, der ganz aus Materialien besteht, die in Containern und auf Baustellen gefunden wurden, ist ein glänzendes Beispiel für kreative Sammelleidenschaft.

Holz

Material und Ausrüstung

Schrank vom Trödler oder Material für einen Schrank, Treibholz oder Latten und Pfosten von Baustellen, Laubsäge, Stecheisen, Sperrholzstücke aus Buche, Holzleim, Drahtstifte, kleine Klammern, festes Papier oder Karton, Bleistift, Blech, Blechschere, Bohrer, Hammer, Acrylfarben und Pinsel, Klarlack, Rundzange, Walzdraht (2 mm stark).

1 Stellen Sie, falls gewünscht, Ihren eigenen, etwa 85 x 47 x 28 cm großen Schrank aus rezykliertem Holz her, oder kaufen Sie einen alten Schrank beim Trödler.

2 Für den Aufsatz verwenden Sie Treibholz oder gefundene Latten. Wählen Sie eine Form und Farbe, die das Aussehen des Schrankes spiegelt; schneiden Sie das Holz entsprechend mit der Laubsäge zu. Befestigen Sie das Holz am Schrank, indem Sie mit einem Stecheisen die entsprechenden Schlitze für die Verbindung schneiden. Setzen Sie ein Stück Sperrholz in einen Schlitz und schieben Sie es in den anderen Schlitz, wobei Sie es mit Holzleim festkleben.

3 Sägen Sie die Enden von längeren Stücken ab, um sie als Formleisten zu verwenden. Holzknöpfe und andere Abschlussdekorationen sind attraktives Beiwerk. Befestigen Sie diese mit Drahtstiften und Leim am Rahmen. Halten Sie die Teile mit kleinen Klammern zusammen, bis der Leim getrocknet ist.

4 Zeichnen Sie einen Möwenkopf auf festes Papier; schneiden Sie ihn aus. Legen Sie diese Schablone auf ein Stück Blech, malen Sie den Umriss mit dem Stift nach und wiederholen Sie diesen Schritt, um die andere Seite des Kopfes herzustellen. Zeichnen Sie für die Befestigung auf beide Blechstücke drei Zungen im oberen Bereich des Kopfes und einen schmalen Streifen am unteren Halsbereich auf. Stellen Sie so viele Möwenköpfe her, wie Sie mögen. Mit der Blechschere schneiden Sie die Formen einschließlich Zungen aus. Bohren Sie zwei 1 mm große Löcher in die unteren Streifen. Verbinden Sie beide Kopfseiten und falzen Sie die Zungen um, um die Seiten zusammenzuhalten. Falzen Sie die Streifen nach außen. Hämmern Sie Drahtstifte durch die Löcher in den unteren Streifen. Bemalen Sie die Köpfe mit Acrylfarbe. Malen Sie Details wie Augen und Schnabel auf. Nach dem Trocknen lackieren Sie die Köpfe.

5 Für die Möwen kleben Sie ein kleines Treibholz auf ein größeres. Zeichnen Sie eine Flügelschablone auf festes Papier; fügen Sie dort, wo der Flügel befestigt werden soll, Zungen hinzu. Legen Sie die Schablonen auf das Blech, fahren Sie mit dem Stift um die Schablone; schneiden Sie die Flügelform mit Zungen aus. Wiederholen Sie das für den zweiten Flügel. Machen Sie zwei Einschnitte in die Zunge. Biegen Sie die beiden äußeren Teile um eine Rundzange.

6 Schneiden Sie zwei 5 cm lange Stücke von 2 mm starkem Walzdraht ab und biegen Sie je 1 cm rechtwinklig um. Führen Sie das lange Ende durch die Zungen des Flügels und biegen Sie das andere Ende dann ebenfalls rechtwinklig zu. Der Flügel sollte jetzt an dem Draht locker auf und ab schlagen. Bohren Sie zwei 2 mm große Löcher in die Seite des Möwenkörpers. Drücken Sie die Drahtenden in die Löcher, und verwenden Sie die noch verbliebene, abstehende Zunge, um den Flügel in eine winklige Position zu bringen.

Holz

7 Schneiden Sie die Möwenbeine aus 2 mm starkem Walzdraht zu. Bohren Sie unten in den Körper zwei 15 mm tiefe Löcher von 2 mm Durchmesser und drücken Sie die Beine hinein. Für die fliegende Möwe verwenden Sie eine lange Trägerstange anstelle von zwei Beinen. Zur Positionierung und Befestigung der Vögel auf dem Schrank bohren Sie möglichst tiefe Löcher (Ø 2 mm) in die Oberfläche, ohne das Holz ganz zu durchbohren, und drücken die Beine hinein. Kleben Sie die Vögel fest, wenn Sie mit der Anordnung zufrieden sind. Passen Sie den Winkel der Flügel zum Körper so an, dass der Wind darunter fahren und für Bewegung sorgen kann.

Standort und Befestigung

Kristy Wyatt Smiths Schrank für draußen ist ein frei stehendes Stück, in dem man Gartengerät aufbewahren kann und das für einen Spielbereich für Kinder einen hübschen Mittelpunkt bilden könnte. Stellen Sie den Schrank in der Nähe einer Mauer oder eines Zauns oder in einem geschützten Bereich auf. Am Meer wachsende Pflanzen wie Seegräser und Nelken komplementieren die Materialien, wenn sie in unmittelbarer Nachbarschaft angepflanzt werden.

»Volkskunst, billiges Holz, guter Wind und
der Vogel fliegt – Volksmagie!«

Ron Fuller

Ron Fuller
Finkenwindspiel

Ron Fuller stellt Windmaschinen her. Immer wenn der Wind bläst, drehen sich in seinem Bauerngarten in Suffolk die Arme von Soldaten, schlagen Entenflügel und schwirren Propeller. Seine Leidenschaft für die Volkskunst geht auf seine Vorliebe für einfache Lösungen, gefällige Kunst und die Vorstellung zurück, »dass Menschen gerne Dinge herstellen, auch wenn sie nicht die entsprechende Ausbildung haben«.

Nach dem Studium der feinen Künste begann Fuller in jungen Jahren mit der Herstellung von einfachem Holzspielzeug. Doch da er mechanische Dinge mag und über Sinn für Humor verfügt, wurden die Spielsachen durch Kurbeln, Räder und einfache Mechanismen bald automatisiert. Heute setzt er vielfältige Mechanismen, angefangen bei elektronischen Schalttafeln und Fernsteuerungen bis hin zur Windkraft, ein, um die gewünschte Wirkung zu erzielen. Einer seiner neuesten Automaten ist ein typischer ironischer Kommentar zu den aktuellen Praktiken im Kunsthandwerk. Er nannte das Stück *Rache des Treibholzes*, da es einen Kunsthandwerker zeigt, der gehängt wird, weil er zu viel Treibholz in seinen Arbeiten verwendet hat.

Fuller lernte Windräder durch seinen Vater kennen und sorgt heute dafür, dass sie wieder ein Wahrzeichen der ländlichen Landschaft von Suffolk sind. Oft wählt er Gartenvögel oder Enten als Thema. Das hier vorgestellte Finkenwindspiel lässt sich mit recht einfachen Grundkenntnissen im Bereich Holzarbeiten nacharbeiten.

Dieses Finkenwindspiel besteht aus Sperr- und Weichholz. Wenn man es an windiger Position aufstellt, werden sich seine Flügel voller Begeisterung drehen.

Holz

Material und Ausrüstung

Festes Papier oder Karton, Bleistift, Schere, Sperrholz (15 x 10 x 1 cm), Schraubstock, Laubsäge, Sandpapier, Bohrer, zwei Stücke Weichholz (15 x 2 x 1,5 cm), Teppichmesser, Nagel, weiße Acrylgrundierung und Pinsel, Acrylfarben, zwei 2 cm lange und eine 7 cm lange Messingstange – Innendurchmesser 3,2 mm, zwei Unterlegscheiben, Lötkolben und Kupferdraht oder spezielle sternförmige Unterlegscheiben mit einem Durchmesser von 3,2 mm, Messingstange (15–20 cm lang) – Außendurchmesser 3,2 mm.

1 Zeichnen Sie eine ca. 15 cm lange Vogelform auf festes Papier oder Karton und schneiden Sie sie aus. Legen Sie die Form auf ein Stück Sperrholz und fahren Sie mit dem Stift um den Umriss herum. Markieren Sie das Zentrum der Form mit dem Bleistift, um das Bohrloch für die Flügel vorzugeben.

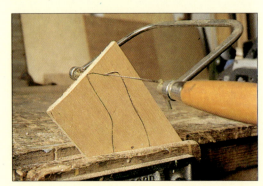

2 Jetzt klemmen Sie das Sperrholz in den Schraubstock ein. Schneiden Sie die Form mit der Laubsäge aus. Glätten Sie die Kanten mit Sandpapier. Bohren Sie in die Mitte der Form ein Loch von etwa 4 mm Durchmesser.

3 Flügel: Bereiche, die ausgeschnitten werden müssen, mit Bleistift markieren. Mittellinie um die Mitte zeichnen, eine weitere Linie zu beiden Seiten, ca. 1,5 cm Abstand. Zeichnen Sie Diagonallinien (Abb. rechts), dann gerade Linien im Abstand von 3 mm von den Diagonallinien zu beiden Enden.

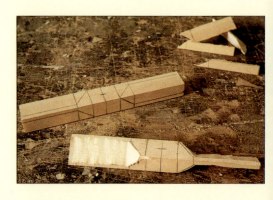

4 Klemmen Sie das Holz in den Schraubstock; schneiden Sie das Holz entsprechend der Linien mit Teppichmesser oder Laubsäge zu. Sie wollen eine geschnitzte Form mit Drehung erhalten, so dass ein Ende einen rechten Winkel zum anderen Ende bildet. Bohren Sie je ein Loch von 4 mm Durchmesser in den mittleren Bereich der Flügel. Glätten Sie rauhe Kanten mit Sandpapier. Stecken Sie einen Nagel durch das Loch und halten Sie ihn leicht zwischen Daumen und Zeigefinger, um zu prüfen, ob der Propeller ausbalanciert ist. Sollte dies nicht der Fall sein, muss er erneut abgeschmirgelt werden.

5 Tragen Sie eine Schicht weiße Acrylgrundierung auf, bevor Sie das Holz von Körper und Flügeln farbig bemalen. Die Wahl der Farben kann so abstrakt oder realistisch sein, wie Sie mögen. Wenn Sie fertig sind, tragen Sie eine Schicht Lack zum Schutz der Oberfläche auf.

Holz

6 Flügel am Vogel befestigen: führen Sie eine kurze Messingröhre in die Löcher der Flügel ein. Führen Sie eine längere Messingröhre durch den Vogelkörper; schieben Sie zu beiden Seiten eine Unterlegscheibe darauf. Schieben Sie die Flügel darauf und sichern Sie sie, indem Sie weichen Kupferdraht an den Enden festlöten. Eine Alternative sind spezielle sternförmige Unterlegscheiben, die z.B. in Läden für den Modellbau erhältlich sind.

Standort und Befestigung

Ron Fullers Finkenwindspiel verleiht jeder Gartenlandschaft Höhe und Reiz. Befestigen Sie den fertigen Vogel auf einer 15–20 cm langen Messingstange, indem Sie ein Loch in den Körper des Vogels bohren und die Stange hineindrücken. Falls notwendig, befestigen Sie sie zusätzlich mit Epoxidharz. Die Stange kann dann an einem Zaun oder Pfosten oder jeder beliebigen Gartenkonstruktion angebracht werden. Stadtbewohner, die nicht über einen Garten verfügen, können das Windspiel in einen Blumenkasten am Fenster stellen. Um besonders dynamische Resultate zu erzielen, sollte sich das Windspiel immer im rechten Winkel zum vorherrschenden Wind befinden.

Weidenruten und Schlagholz sind traditionelle Materialien. Weidenruten sind leicht, flexibel und werden oft verflochten, während Schlagholz fester und dauerhafter ist. Oft werden beide Materialien zusammen eingesetzt und bringen das Gefühl einer ländlichen Vergangenheit in unser größtenteils städtisches Leben. Allein oder zusammen können diese Materialien zu organischen Gartenkonstruktionen verarbeitet werden, die nützlich als auch ornamental sind wie Zäune, Tore und Möbelstücke, aber auch abstrakte und figürliche Skulpturen.

Weidenruten und Schlagholz

Links: Weidenruten sind stabil, flexibel und leicht zu bearbeiten und werden seit Jahrhunderten für Gartenkonstruktionen wie Laubengänge und Flechtwerk verwendet. **Oben:** Der traditionelle geflochtene Bienenkorb aus braunen Weidenruten, umgeben von wilden Erdbeeren, vervollständigt diese ländliche Szene.

Weidenruten und Schlagholz

Weidenruten und Schlagholz – Geschichtliches

Schlagholz wird in Waldbereichen produziert, die aus Dickicht und kleinen Bäumen bestehen. Dort werden die Zweige von Laubhölzern nahe der Stammbasis geschnitten, um Stockausschläge zu ermöglichen; die Verjüngung durch Stockausschlag gibt es seit über 5000 Jahren. Abhängig von der Holzart kann die Länge des Fällzyklus zwischen einem und 25 Jahren betragen. Der Begriff »Schlagholz« kann auf jeden Laubbaum mit breiten Blättern angewandt werden, der nach dem Schneiden schnell wieder neues Wachstum zeigt. Das Zurückschneiden ist sehr nützlich – Bäume werden verjüngt, es entwickeln sich neue Triebe, und das nach dem Rückschnitt erneut einfallende Licht ist gut für den Waldboden. Ruhende Pflanzen, die wegen des Schattens, der von den Baumkronen geworfen wird, nicht keimen oder wachsen konnten, erwachen zu neuem Leben. Viele Bäume können erfolgreich beschnitten werden: Haselruten ergeben ausgezeichnete Stangen für Erbsen und Bohnen, aber auch das Holz von Linde, Erle, Eibe, Platane, Kastanie, Eiche und Birke kann vielseitig genutzt werden.

Seit Anfang der industriellen Revolution wurde Schlagholz für Möbel und Holzarbeiten im rustikalen Stil verwendet. Obwohl Möbel aus diesem Holz komplizierte Details aufweisen können, liegt hier die Betonung auf »rustikal«. Weidenholz ist technisch gesehen ebenfalls ein Schlagholz, aber da es lange Ruten bildet und nicht so sehr Äste mit kleineren Zweigen, wird es hier getrennt behandelt. Man kann Ruten von allen Weidenarten verwen-

Rechts: Diese Kathedrale aus Weidenholz entstand 1792, um die Theorie zu überprüfen, dass die Bauten der gotischen Architektur auf frühere Flechtkonstruktionen zurückgehen.

den, selbst von der Silberweide (*Salix alba*) und der *Salix fragilis*, die beide sehr groß werden können.

Weidenholz hat schon immer einen wichtigen Platz in der Volkskunst eingenommen. In keltischen Zeiten war es als heiliges und praktisches Material geschätzt. Die Zigeuner glaubten, es könne die Fruchtbarkeit steigern, während die Römer es bei Kopfschmerzen und Fieber einsetzten, lange vor der Erfindung des Aspirins (es enthält Acetylsalizylsäure, die man aus Weiden gewinnt).

Die vielseitigen Weidenruten wurden schon in frühester Zeit zur Herstellung von Nutzartikeln wie Behälter, Körbe, Fallen und Zaungeflecht benutzt. Unter guten Bedingungen – der natürliche Lebensraum von Weiden ist in Wassernähe – wachsen Weiden schnell und liefern eine gute Jahresernte. In Gebieten wie den Somerset Levels, wo seit Jahrhunderten der größte Teil von Großbritanniens Weiden wächst, ist der Wasserpegel hoch und bietet eine ideale Umgebung, in der Korbweiden gedeihen. Hier fand man Fragmente von Weidenkörben, die aus der frühen Eisenzeit stammen. Auch die nordamerikanischen Amerikaner konnten auf gut etablierte Traditionen bei der Arbeit mit Naturfasern, unter anderem auch Weidenruten, zurückblicken, lange bevor die ersten Siedler eintrafen.

Obwohl Beispiele für frühe Arbeiten mit Weidenruten nicht erhalten sind, ist es wahrscheinlich, dass sie aufgrund ihrer Biegsamkeit und Vielseitigkeit schon immer für praktische und dekorative

Links: Die asymmetrische Form dieser Laube wurde durch die unregelmäßige Form des Holzes diktiert. Ein sorgfältig ausgeführtes Mosaik aus Zweigen dekoriert die Oberfläche.

Zwecke im Garten nützlich waren. Erhalten gebliebene Illustrationen und Fresken aus römischer Zeit offenbaren, wie biegbare grüne Weidenruten zum Sichern von Kletterpflanzen und Weinreben und als Material zum Flechten von Körben für Obst und Gemüse verwendet wurden.

In den Gärten des Mittelalters war die Verjüngung durch Stockausschlag verbreitet. Egal, ob es sich um Herrn oder Diener handelte – Schlagholz wurde als Brennstoff und für Schutzhütten, aber auch für Möbel, Werkzeuge und Stücke für den Garten verwendet. Die feudale Aufteilung von Ländereien auf dem Gebiet des heutigen Europa führte zu einer starken Nachfrage nach Grenzen – Hecken, Gräben und Zäune – für Arme und Reiche. Flechtzäune aus Hasel- oder Weidenruten und Staketzäune dienten zur Sicherung oder Unterteilung von Gartengrundstücken, als Umrandung von Blumenbeeten und Eingrenzung von Obstgärten.

In den Gärten der Reichen waren Laubengänge aus Schlagholz ein modischer Gartenschmuck. Aus flexiblen Weiden- oder Haselruten konstruiert, boten sie Schatten, wenn sie mit Kletterpflanzen bewachsen waren. Tore, Spaliere und Pergolen aus Schlagholz waren in den Gärten des vierzehnten und fünfzehnten Jahrhunderts ebenfalls beliebt.

Weidenruten und Schlagholz

Im achtzehnten Jahrhundert wurden Arbeiten aus Schlagholz immer populärer. Als sich die Einstellung zur Natur änderte, verloren die reglementierten französischen Gärten des siebzehnten Jahrhunderts an Gunst, und die zurechtgestutzte und manikürte Ästhetik des formellen Gartens wurde im frühen achtzehnten Jahrhundert durch eine Vision natürlicher Schönheit ersetzt – der englische Landschaftsgarten war geboren. Beeinflusst von der Literatur, Dichtkunst, Philosophie und Landschaftsmalerei – speziell von den Tivoli-Ansichten von Claude Lorrain und Gaspard Poussin –, entstand eine idealisierte Landschaft, die klassische Ruinen, ausgedehnte Aussichten, Hügel, natürlich geformte Seen und Wäldchen umfasste, von denen viele ironischerweise vom Menschen geschaffen waren. Im weiteren Verlauf des Jahrhunderts entstanden malerische Klausen aus Schlagholz mit den dazugehörigen Einsiedlern in vielen Stilen. Ihre Dächer waren rietgedeckt und wiesen Dekorationen aus Zweigmosaik, Baumwurzeln und manchmal auch Knochen und Tierzähnen auf. Moos und Heide dienten als Isolierung, während die Innenräume mit Stücken aus Schlagholz möbliert waren. Diese Architektur brachte wiederum andere Konstruktionen aus Schlagholz hervor: Brücken, Laubengänge und Veranden, die alle einen ähnlichen Stil aufwiesen und aus einfachen, groben Konstruktionen bestanden.

Arbeiten aus Schlagholz erreichten ihren Höhepunkt in viktorianischer Zeit. Um die Mitte des neunzehnten Jahrhunderts zog man die Exzesse der industriellen Revolution in Zweifel, und eine sentimentale Beschäftigung mit der Natur führte zur Vorliebe für alles Rustikale. Naturbelassene Äste in dekorativen Kombinationen wurden für Tore, Zäune, Brücken und Gartenmöbel verwendet. Das viktorianische Gartenhaus – eher vom Einsatz der Materialien her und nicht durch seine Funktion mit der Klause verwandt – war meist rietgedeckt und mit Tannenzapfen geschmückt.

Arbeiten aus Weidenruten und Schlagholz haben ihren Ursprung zwar in Europa, aber diese Traditionen wurden auch in Nordamerika weiterentwickelt und erlebten dort eine Blüte. Vom Beginn des siebzehnten Jahrhunderts an wanderten die Europäer in die Neue Welt aus und brachten ihre Fähigkeiten und Kenntnisse mit. Sie nutzten die verfügbaren Materialien, passten sie für ihre Arbeiten an und bauten mit der Zeit in ihrer neuen Heimat eine eigene Tradition auf. Arbeiten aus Schlagholz wurden von den frühen Siedlern eher aus Notwendigkeit angefertigt, doch im neunzehnten Jahrhundert gab es einen wachsenden Markt für Möbel aus Schlagholz. Talentierte Kunsthandwerker arbeiteten von den Appalachen in den Südstaaten bis zu den Adirondack Mountains im Norden des Staates New York. Wenn man die begrenzten Materialien der Adirondack-Handwerker in Betracht zieht, zeigten sie großen Einfallsreichtum beim Entwurf ihrer Möbel. Sie setzten die Rinde der Moorbirke als Furnier ein und Zweigmosaik als Dekoration ihrer Arbeiten aus Zeder und Gelbbirke. Bisweilen arbeiteten sie auch gefundene Artikel wie Angelruten und Ruder ein. Das breite Sortiment ihrer Arbeiten ist heute so berühmt, dass Schlagholzarbeiten in den USA als »Adirondack« bezeichnet werden. Die Originale sind heute Sammlerstücke, doch der Adirondack-Einfluss ist in den Vereinigten Staaten heute noch bei vielen Herstellern von Schlagholzmöbeln unverkennbar.

Während das preiswerte, überall erhältliche Schlagholz, bei dem zur Herstellung nützlicher Konstruktionen nur rudimentäre Fähigkeiten erforderlich waren, in ländlichen Gebieten immer überlebt hat, hatten Geschmacksveränderungen auf die geschickten Hersteller von Weidenkörben, Stühlen und Zaungeflecht mehr Einfluß. Die fünfziger Jahre waren eine Zeit von Designinnovationen, deren

Weidenruten und Schlagholz

Ganz links: Diese Sitzbank mit der großzügig gebogenen Rückenlehne und den entsprechenden Armlehnen wurde aus grünen Weidenruten geflochten und ist ein typisches Beispiel für rustikale, amerikanische Arbeiten.

Links: Identische Tore aus Schlagholz sorgen für ein hübsches Spiegelbild. Sie wirken improvisiert, aber sie sind, wie die Details zeigen, das Produkt eines wohldurchdachten Entwurfs.

Befürworter nichts für die schlichte Ästhetik von Weidenarbeiten übrig hatten. Erst zu Beginn der achtziger Jahre kam es zu einer erneuten Nachfrage nach organischem Material und Formen. Heute genießen Weidenruten genauso viel Popularität wie früher. Es hat besonders in Großbritannien und in den USA eine neue Generation internationaler Hersteller angezogen, die wie ihre Vorfahren eigene Weiden anpflanzen. Sie kombinieren Weidenruten mit anderem Schlagholz und bauen auf traditionellen Verfahren auf, um neue skulpturale Arbeiten für draußen zu schaffen.

Der amerikanische Umweltkünstler Patrick Dougherty stellt großformatige Installationen her, für die er vorhandene Bäume und Weidenruten verwendet, um eine Webstruktur aus Passagen und Tunneln zu schaffen – ein Abenteuerspielplatz für Kinder. Serena de la Hey, eine britische Künstlerin, die in den Somerset Levels lebt, verwendet Weidenruten als Material für Skulpturen. Ihr Repertoire reicht von überlebensgroßen Figuren, die durch die Landschaft schreiten, bis hin zu Vögeln und Tieren.

Weidenruten und Schlagholz

Ganz links: Dieser Wigwam, der einen kleinen Teich umgibt, besteht aus Bambusstangen, die von braunen Weidenruten zusammengehalten werden und die Basis und eine dekorative Spirale bilden, die entlang der Konstruktion nach oben verläuft.

Links: Eine lebende Weidenlaube ist ein schönes Gartenelement und bietet im Sommer gleichzeitig Schatten. Aufgrund der Flexibilität von Weidenruten lassen sich solche Konstruktionen einfach herstellen.

Weiden im Garten

Weiden wurden schon immer in Gärten angepflanzt. Sobald eine Weide gepflanzt wird, entstehen die ersten Triebe, und die Pflanze wächst schnell – auf der Höhe der Wachstumsperiode ein paar Zentimeter pro Tag. Durch ihre Flexibilität ist sie ideal zur Kreation von Gartenstrukturen geeignet. Das beliebteste Material sind grüne Weidenruten, junge Weidentriebe, die noch voller Saft stecken und daher flexibel sind. Es gibt auch mehrere Arten von trockener Weide: braune Ruten haben eine rauhe Rinde und sind unter feuchten Bedingungen haltbarer; weiße Ruten (braune Ruten, bei denen die Rinde abgezogen wurde) sind für Korbarbeiten am beliebtesten; bei lohfarbenen Ruten wurde nach dem Kochen die Rinde abgezogen. Die häufigsten für Flechtarbeiten verwendeten Weiden sind die lilafarbene *Salix purpurea* und *S. triandra*, während *S. viminalis* und *S.* »Bowles' Hybrid« dickere Varietäten sind.

Die jurtenförmigen Zelte mit Weidenrahmen sind umweltfreundliche Sommer- oder Spielhäuser für Erwachsene und Kinder gleichermaßen. Zu ihrer Herstellung steckt man mehrere grüne Weidenruten in den Boden und biegt sie so, dass sie eine Reihe von Bögen bilden. Die grünen Weidenruten bilden Triebe und wachsen, so dass die Blätter ein eigenes natürliches Schutzdach bilden. Traditionellerweise wurden solche Gebilde mit Riet oder Tierhäuten gedeckt, so dass eine dauerhafte Konstruktion entstand, die Wind und Regen abhielt; heute ist Segeltuch das übliche Abdeckmaterial. Der Innenraum kann zur zusätzlichen Isolation mit farbenfroh gemusterten Stoffen versehen werden. Wenn der Boden mit einer wasserdichten Unterlage ausgekleidet wird, kann er mit alten Teppichen bedeckt werden, auf denen man Kissen verteilen kann.

Abenteuerlustige können mit komplizierteren Gartenkonstruktionen experimentieren. Da Weide flexibel ist, kann man sie zu vielen Formen und Details formen. Trockene oder grüne Weidenruten, die gebogen oder verflochten werden, können zur Herstellung von Tunneln, Laubengängen, einer Überdachung für eine Bank oder Spielhäuser für Kinder dienen. Wenn Sie Ihre Konstruktion mit Pflanzen begrünen wollen, verwenden Sie trockene Weidenruten. Derartige Gebilde sind drei bis fünf Jahre lang haltbar und sollten einmal pro Jahr mit einem Holzschutzmittel oder Leinsamenöl behandelt werden. Wenn möglich, sollten Weidenskulpturen drinnen überwintern. Lebende Weidenstrukturen überleben

Weidenruten und Schlagholz

bei der entsprechenden Pflege viel länger. Sie müssen einmal jährlich beschnitten werden.

Im kleineren Maßstab sind Pflanzrahmen aus Weidenruten viel eleganter als zusammengenagelte Stützen. Sie lassen sich leicht konstruieren und sind genauso stabil. Aufgrund ihrer begrenzten Lebensdauer sind diese Stützen am besten für einjährige Kletterpflanzen wie Wicken oder Stangenbohnen oder für leichte winterharte Pflanzen wie Klematis oder Passionsblume (Passiflora) geeignet. Gebogene Weidenruten können auch als Rankrahmen eingesetzt werden, die in Blumentöpfe passen. Mit Efeu überwachsen, werden sie zu kleinen organischen Skulpturen und können den Mittelpunkt eines Balkons oder auch einer Fensterbank bilden.

Holz und Weide sind natürliche Gefährten und werden in Schutzwänden, Zäunen oder Möbelstücken verarbeitet. Flechtgitter sind eine preiswerte Alternative zu fertigen Zäunen. Manchmal werden sie aus Haselruten geflochten, aber ein feineres Gebilde entsteht, wenn man Weidenruten mit senkrechten Stützen aus Haselruten nimmt. Diese rustikalen Zäune wirken auch in städtischer Umgebung auf Balkonen und Dachterrassen, wo sie als Wind- und Sichtschutz dienen. Die Lebensdauer von Flechtgittern ist kurz (fünf bis sechs Jahre), aber sie altern in Schönheit. Weidenruten sind auch an feuchten Standorten haltbar, wo die fließenden Linien der Weidenruten einen natürlichen Hintergrund für Wasserpflanzen bilden.

Links: Diese kokonartige Konstruktion, ein Werk von Patrick Dougherty, ist ein faszinierendes und sicheres Spielhaus für Kinder.

Rechts: Mit Weidenruten verflochtene Bambuskuppeln dienen als Pflanzenstützen.

Ganz rechts: Wenn Weidenruten mit viel Geschick eingesetzt werden, sind sie für flüssige, lebensechte Formen ideal geeignet, wie dieses Wildschwein beweist.

Weidenruten zählen mit zu den anpassungsfähigsten Materialien zur Herstellung von Gartenskulpturen. Durch ihre organische Natur können sie zu allen möglichen Formen gebogen werden, die mühelos mit der Gartenumgebung harmonieren.

Obwohl lebensgroße Weidenfiguren in einem großen Garten eine starke Wirkung haben, sind für den durchschnittlich vorhandenen Raum bescheidenere Stücke erforderlich. In einer streng modernen Umgebung oder in formellen Gärten sind abstrakte Weidenkompositionen ideal. Skulpturale Korbformen, Kugeln, Kegel etc. steuern im Garten eine starke architektonische Dimension bei und führen ein subtiles organisches Element ein. Zeitgenössische Flechtmöbel aus Weidenruten haben ebenfalls interessante skulpturale Qualitäten, die im modernen Garten sowohl Form als auch Funktion beitragen.

Weidenruten – praktische Hinweise

Weidenruten sind ein leicht zu verarbeitendes Material und bieten durch einfache Konstruktionen in kurzer Zeit gute Ergebnisse. Weidenruten werden in Bunden verkauft. Jedes hat einen Durchmesser von 91 cm, knapp über dem Boden gemessen. Bunde gibt es in verschiedenen Längen – 91 cm, 122 cm, 152 cm und mehr. Sie sind hauptsächlich in den Gebieten erhältlich, wo Weiden wachsen.

Grüne Weidenruten sind nur im Winter erhältlich. Die trockenen braunen, lohfarbenen und weißen Weidenruten sind das ganze Jahr über erhältlich. Alle Arten gibt es fertig behandelt, Sie können jedoch auf Wunsch braune Weidenruten auch selbst schälen, um weiße Ruten zu erhalten.

Vor Beginn der Arbeit sollten Sie prüfen, ob die Ruten für die beabsichtigte Arbeit flexibel genug sind. Braune Ruten müssen mindestens vier Tage lang eingeweicht werden und dann noch einen Tag lang reifen, während lohfarbene und weiße Weidenruten zwei bis vier Stunden lang eingeweicht werden müssen. Wenn sich Weidenruten leicht biegen lassen können sie verarbeitet werden.

Für Weidenarbeiten brauchen Sie ein scharfes Messer und eine Baumschere. Zum Schälen brauner Weidenruten verwenden Sie ein Schälmesser. Zum Flechten von braunen, lohfarbenen oder weißen Weidenruten brauchen Sie eine Korbmacherahle, die in Talg eingetaucht wurde, um das Flechtwerk zu öffnen, und eine Beißzange, um es zu schließen.

Anfänger sollten mit einem kleinen Korb oder Pflanzrahmen für Kletterpflanzen beginnen. Wenn Sie einen Artikel mit regelmäßigem Flechtwerk herstellen oder ein Stück, das eine feste, verflochtene Basis braucht, sollten Sie sich Zeit nehmen und Ihre Flechttechnik üben.

Weidenruten und Schlagholz

Schlagholz im Garten

Einer der befriedigendsten Aspekte von Arbeiten aus Schlagholz ist ihr Aussehen, das dafür sorgt, dass sich zwei Stücke nie gleichen. Die vorhandene Rinde und Astlöcher lassen es verwittert erscheinen, so dass es sich mühelos in einen gewachsenen Garten einfügt, während es in einem neuen Garten durch sein rauhes Aussehen sofort zum Mittelpunkt wird. Arbeiten aus Zweigen mit Rinde wirken massiger, während Werke, bei denen die Rinde abgeschält wurde, leichter und geschmeidiger erscheinen und besser für kleine Räume geeignet sind. Im kleinen Garten führt man Schlagholz am besten mit Artikeln wie Fensterkästen und Pflanztöpfen, Vogelhäusern und Tischen ein.

Schlagholz kann zur Herstellung aller möglichen Gartenkonstruktionen verwendet werden. Sein natürliches Umfeld ist der ländliche Bauern- oder Wildgarten, wo man aus diesem Material perfekte Bögen für rustikale Tore herstellen kann. Es kann auch dazu dienen, einem städtischen Garten ein frisches ländliches Aussehen zu verleihen. Eine der effektivsten Möglichkeiten sind Schutzwände aus Flechtwerk mit grob strukturierter Oberfläche, die zarten Pflanzen Schutz bieten. Die klaren, sauberen Linien des formellen oder modernen Gartens bieten einen dramatischen Kontrast zu der organischen Ästhetik von Möbeln aus Schlagholz. Sie sollten vermeiden, in formellen Gärten massige Konstruktionen einzusetzen, da diese zu schwer wirken könnten.

Die naive Konstruktion von Möbelstücken aus Schlagholz ist Teil ihrer Attraktivität – je gröber die fertige Arbeit wirkt, desto besser sieht sie aus, vorausgesetzt, sie erfüllt ihre eigentliche Funktion. Einer der einfachsten Artikel, den man herstellen kann, ist ein niedriger Tisch, dessen zentrale Stütze aus einem einzelnen Baumstamm besteht. Sie können die Tischplatte mit einem Holzmosaik aus kurzen Zweigen in geometrischen Kompositionen dekorieren – das von den amerikanischen Siedlern verwendete Blockhaus-Muster ist da besonders geeignet. Es besteht aus einem Quadrat mit mehreren Linien, die gegen die Mitte kleiner werden.

Gartenmöbel aus Schlagholz – Bänke, Tische und Hocker – können aus beliebig vielen Holzarten hergestellt werden.

Gartengebäude aus Schlagholz können auf eine lange Tradition zurückblicken und wurden von den verschiedensten architektonischen Stilrichtungen beeinflusst – angefangen bei Mini-Kathedralen und

Links: Sonnenlicht fällt in diese Laube ein, die aus ganzen und gespaltenen Stücken Schlagholz konstruiert wurde – eine Oase der Ruhe.

Rechts: Dieser Bogen und Zaun aus Schlagholz zeigt einige der dekorativen Wirkungen, die sich mit einfachen Materialien erzielen lassen. Beachten Sie das feine Zickzackmuster des Zauns.

Ganz rechts, oben: Der rustikale Stuhl mit seiner hübschen Mischung aus kurvigen und geraden Elementen hat inmitten von Bäumen und Büschen seinen idealen Platz gefunden.

Ganz rechts, unten: Ein Gartentor zeigt die innere Schönheit von Schlagholz. Äste wurden zu einer atemberaubenden Komposition verarbeitet.

Berghütten bis hin zu Maori-Hütten. Es gibt viele historische Beispiele, die als Inspiration dienen können, aber durch die Vergänglichkeit des Materials existieren die meisten einst berühmten Beispiele nur noch in der Form von Illustrationen. Diese großartigen Gebäude sind im Allgemeinen für die heutigen, von der Größe her eher bescheidenen Grundstücke nicht praktisch, aber hässliche Gartenschuppen oder eine alltägliche Laube können mit Schlagholz in ein geschmackvolleres Gebilde verwandelt werden. Die Außen- und Innenwände können mit geraden Zweigen dekoriert werden, die man in einem Zickzackmuster anordnen kann. Um ein Holzmosaik zu kreieren, können horizontale und vertikale Bereiche abgewechselt werden. Solche Kompositionen kann man mit Tannenzapfen verschönert werden.

Konstruktionen in Durchbrucharbeit aus krummen Zweigen können magische Wirkung haben. Dieser Stil ist das perfekte Design für rustikale Tore, die vor neugierigen Blicken schützen und für Sicherheit sorgen, aber nicht den Blick versperren.

Weidenruten und Schlagholz

Schutzwände in Durchbrucharbeit können ebenfalls als natürliche Unterteilung zwischen zwei Gartenbereichen eingesetzt werden. Aufgrund ihrer Konstruktion sind sie ein praktischer Kletterrahmen für Pflanzen wie Geißblatt (*Lonicera*) oder Wilden Wein (*Parthenocissus tricuspidata*). Sie sind nützlich, um die Aufmerksamkeit von weniger schönen Gartenbereichen abzulenken oder zu verbergen. In offener Lage lassen sie Licht durch, während sie gleichzeitig empfindlicheren Pflanzen durch Schatten Schutz bieten. Zweige mit ihrem zarten Flechtwerk und Äste mit ihren knorrigen und gewundenen Formen können für Durchbrucharbeiten auf Veranden, für Geländer und als Umrandung von Türen und Fenstern eingesetzt werden.

Schlagholz – praktische Hinweise

Schlagholz gibt es in verschiedenen Größen, von kleinen Zweigen bis zu großen Scheiten. Die Rinde kann abgezogen oder für eine wirklich rustikale Wirkung intakt bleiben. Das Holz wird im Winter geschlagen, bevor frischer Saft ins Holz dringt. Bei den Bäumen handelt es sich um Eiche, Esche, Linde, Erle, Birke und Haselnuss. Wenn Sie auf dem Land wohnen, sitzen Sie direkt an der Quelle und können bei Holzfällarbeiten in örtlichen Wäldern zugreifen, aber Sie sollten immer um Erlaubnis fragen, bevor sie solches Holz mitnehmen. Wenn Sie in der Stadt leben, können Sie beim örtlichen Baumdoktor oder bei der örtlichen Gemeinde im Gartenbauamt nachfragen. Bei der Wahl von Schlagholz sollten Sie nach interessanten Formen Ausschau halten, die Ihre Arbeit beeinflussen können, statt Holz zu suchen, das strengen Spezifikationen entspricht.

Zur Herstellung von Möbeln oder großen Konstruktionen wie Bögen und Pergolen müssen Sie zumindest über Grundkenntnisse in der Tischlerei

verfügen, um sichere Verbindungen herzustellen. Ideal für Anfänger sind kleine Tische oder Hocker, Vogelhäuser oder Pflanzenstützen. Die wichtigsten Werkzeuge sind Hammer, Nägel, Handsäge, Bohrer, Schrauben, Hobel, Wasserwaage und Holzleim, ein Beil zum Spalten von Ästen und eine Axt für große Stämme. Tragen Sie immer eine Schutzbrille.

GALERIE – Schutzschirme

Oben: Lebende Weidentriebe wurden sorgfältig zu einem kreuz und quer verlaufenden Entwurf verarbeitet und bilden eine organische Schutzwand. Sie wurden um den Metallrahmen geschlungen und werden bald ein Blätterfenster bilden, durch das man einen Blick auf die leuchtend gelben Rudbeckien im Hintergrund werfen kann.

Rechts: Diese Schutzwand aus weißem Zedernholz und Weidenruten erinnert vom Entwurf her stark an Volkskunstarbeiten. Die starke Silhouette bietet einen Kontrast zum grünen Laubwerk und erinnert an Schmiedeeisen. Kurvige und gerade Elemente werden einander gegenübergestellt. Das Augenmotiv im oberen Bereich lenkt den Blick in den dahinter liegenden Wald.

Oben links: Dieses kunstvolle Gitterwerk scheint mit der Airbrush-Technik in die Landschaft gemalt worden zu sein. Es besteht aus sorgfältig gepflanzten lebenden Weidenruten, ist leicht, dauerhaft und daher eine äußerst effektive Möglichkeit, einen Gartenbereich abzutrennen, ohne das Licht zu nehmen.

Oben rechts: Der Kontrast von Schlagholz, das mit und ohne Rinde verarbeitet wurde, erzeugt einen starken Effekt. Zweige, die aufgrund ihres dekorativen Aussehens ausgewählt wurden, sind strahlenformig in einem kontrastierenden Rahmen angeordnet, auf den sie aufgenagelt wurden, so dass eine zarte Spitzenstruktur entsteht. Dieses rechteckige Werk ist ein Tor, das zum Eintreten verlockt, aber gleichzeitig den dahinter liegenden Bereich effektiv schützt.

Links: Schlagholz bildet hier einen einfühlsamen und praktischen Zaun innerhalb einer wilden Waldlandschaft. Die Form dieser traditionellen rustikalen Arbeit wurde von den Ästen diktiert, die wahrscheinlich aus dem benachbarten Wäldchen stammen. Sie wurden durchdacht zusammengesetzt, und ihre fließenden Formen ergänzen das rechteckige Tor.

»Die Arbeit mit Weidenruten verbindet mich
mit den Rhythmen der Natur.«

Lizzie Farey

LizzieFarey
Weidenkugel

Lizzie Farey lässt sich von ihrer Umwelt inspirieren, von der wilden Landschaft, die ihre Werkstatt und ihr Haus in Castle Douglas an der Grenze zwischen Schottland und England umgibt. Wie die traditionellen schottischen Korbflechter lebt Farey in direkter Nähe zu ihrem Material, aber im Gegensatz zu ihnen interessiert sie sich nicht für Perfektion mit regelmäßigen Flechtstrukturen und einheitlichen Formen. Sie hat ihren freien Stil entwickelt, eine Technik, bei der eine zufällige, nicht geometrische Flechtarbeit entsteht. In ihrem großen Werksortiment kombiniert sie funktionale Korbflechtarbeiten mit experimentellen Stücken.

Fareys Materialien sind alltäglich – viele findet man in normalen Gärten oder in den Hecken an Wanderwegen. Sie umfassen Lärche, Hartriegel, Birke, Weidenkätzchen, wilde Himbeere, Haselnuss und Weide, Materialien, die manchmal mit dem Heidekraut der Gegend und duftender Myrte verflochten werden. Farey pflanzt zwanzig Weidenarten selbst an, so dass ihre Ressourcen regenerierbar sind. Viele verwendet sie wegen der leuchtenden Töne, etwa die blaugrüne *Salix purpurea* »Brittany Blue«.

Diese Weidenkugel braucht eine feste Basis, damit die Form gut zusammenhält. Wenn Sie keinerlei Erfahrung in der Korbflechterei haben, stellen Sie zur Übung erst einige Böden her und wählen Sie dann den solidesten für Ihre Weidenkugel.

Die kühne Form dieser Weidenkugel und die Flechtdetails laden ein, das Werk sowohl aus der Ferne als auch aus der Nähe zu betrachten.

Weidenruten und Schlagholz

Material und Ausrüstung

Ein scharfes Messer, sechs kräftige Weidenruten als Bodenstangen, 24–30 feine Weidenruten (92 cm lang) zum Flechten des Bodens, Baumschere, 12 Ruten (1,8 m lang) als Seitenstangen, eine dicke Stricknadel, Vaseline, 40 Ruten (1,8 m lang) zum Auffüllen der Kugelseiten, Pinsel, Leinsamenöl, Spiritus.

1 Für den Boden schneiden Sie die Enden der sechs kräftigen Ruten ab, so dass sie eine Länge von 23 cm haben. Mit dem Messer schneiden Sie einen Schlitz in die Mitte von drei Ruten ein. Er sollte gerade so lang sein, dass Sie die anderen drei Stücke rechtwinklig einführen können.

2 Nehmen Sie zwei feine Weidenruten (Flechtmaterial für den Boden). Spitzen Sie die dicken Enden an und stecken Sie sie in den Schlitz. Führen Sie die beiden Ruten jeweils vor und hinter drei Stangen her. Fahren Sie auf diese Weise fort, bis Sie zwei Runden fertiggestellt haben.

3 Fahren Sie mit demselben Flechtpaar fort. Öffnen Sie nun die Stangen und führen Sie die Ruten vor und hinter den einzelnen Stangen her, bis alle Stangen eine regelmäßige Sternform bilden.

4 Wenn Sie die Ruten verflochten haben, arbeiten Sie eine neue ein, indem sie das dünne Ende der neuen neben das dünne Ende der alten schieben und weiter flechten. Wenn Sie zum Ende dieser Rute gelangen, verbinden Sie jeweils die beiden dicken Enden, so dass Sie den Boden mit dünnen Enden fertigstellen.

5 Wenn Sie am äußeren Ende der Stangen angelangt sind, schneiden Sie die Enden der als Flechtmaterial verwendeten Weidenruten an beiden Enden des Bodens mit der Baumschere ab. Falls nötig, schneiden Sie die Grundstangen mit einem geraden Schnitt ab.

6 Für die Seiten spitzen Sie die Enden von 12 Weidenruten à 1,8 m Länge an. Tauchen Sie eine Stricknadel in Vaseline; schieben Sie die Nadel in den Spalt neben eine der Grundstangen. Wählen Sie den rechten oder linken Spalt. Gehen Sie bei den anderen Stangen ebenso vor. Stecken Sie die dicken Enden der 12 Ruten in diese Spalten. Mit dem Messer biegen Sie die Seitenstangen dort, wo sie am Boden heraustreten, nach oben.

7 Zur Herstellung der Kugelform nehmen Sie zwei sich gegenüber liegende Seitenstangen und biegen sie bogenförmig übereinander, wobei Sie sie mehrmals verdrehen. Fahren Sie mit den anderen 10 Seitenstangen genauso fort und führen Sie sie zur Sicherung dabei durch den oberen Bereich von vorhandenen Bögen. Stecken Sie die Enden für einen sauberen Abschluss jeweils in den Boden.

Weidenruten und Schlagholz

8 Wenn die Grundform fertig ist, fügen Sie nach und nach etwa 40 Ruten hinzu, indem Sie das dünne Ende sichern und die Rute rund biegen. Flechten Sie die Ruten durch vorhandene Schichten ein, und achten Sie darauf, dass die dicken Enden in die Kugel hineingesteckt werden. Schneiden Sie hervorstehende Enden ab. Bevor Sie für die Weidenkugel einen Standort finden, streichen Sie die Außenseite mit einer Mischung aus Leinsamenöl und Spiritus im Verhältnis 3:1 an, um sie vor den Elementen zu schützen.

Standort und Befestigung

Mit dieser Weidenkugel wird eine starke optische Aussage gemacht, so dass sie einen geeigneten Standort braucht. Der ideale Standort wäre die Positionierung vor einem hügeligen Hintergrund oder alternativ eine offene Lage, so dass der Himmel den Hintergrund bildet und die starken skulpturalen Eigenschaften der Kugel unterstreicht. Zur Sicherung legen Sie einige Kieselsteine ins Innere, damit sie nicht vom Wind weggeblasen wird. Puristen ziehen es möglicherweise vor, die Kugel mit einer flexiblen grünen Weidenrute zu sichern.

»Die natürliche Schönheit der Bäume, die Formen und Kurven ihrer Äste ziehen mich an, und das hallt in meiner Arbeit wider.«

Jason Griffiths

Jason **Griffiths**
Wildholzbank

Jason Griffiths lebt und arbeitet im Herzen von Devon. Er arbeitet mit Schlagholz und setzt damit eine Tradition fort, die in ländlichen Gebieten seit Jahrhunderten Bestand hat. Er hat eine Tischlerlehre abgeschlossen und erlernte dann traditionelle ländliche Fertigkeiten wie die Kunst des Holzschlagens und Holzspaltens.

Griffiths fühlte sich zur Arbeit mit Schlagholz hingezogen, da er die Arbeit mit regenerierbarem Material statt mit tropischem Hartholz bevorzugt. Heute ist er unabhängig: Er besitzt einen eigenen Wald, den er durch Stockausschlag verjüngt, und stellt mit dem geernteten Schlagholz auf Bestellung Möbelstücke und Gartenkonstruktionen im volkstümlichen Stil her. Eiche, Esche, Eibe, Platane, Haselnuss, Weide und Kastanie haben bestimmte Qualitäten, und jede Holzart wird für verschiedene Aufgaben ausgewählt. Er sagt: »Ich möchte das Holz so einsetzen, wie es in der Natur gewachsen ist.«

Die hier vorgestellte Wildholzbank wurde aus Haselnussholz gearbeitet – das perfekte Material für diese Arbeit. Die gegabelten Äste, die das fächerförmige Rückenteil bilden, wurden klug gewählt, um dieser stabilen, rustikalen Konstruktion ein dekoratives Element zu verleihen, und illustrieren Griffiths Philosophie perfekt. Zur Herstellung dieser Bank sind einige Grundkenntnisse in der Arbeit mit Holz erforderlich; weitere Fähigkeiten und mehr Praxis sind bei der Wahl der Holzstücke vorteilhaft, um zu beurteilen, mit welchen sich die harmonischste Wirkung erzielen lässt.

Diese Bank aus Wildholz wurde durch volkstümliche Stile beeinflusst. Der Sitz könnte aus kleinen Holzscheiten anstelle von gespaltenem Holz hergestellt werden.

Weidenruten und Schlagholz

Material und Ausrüstung

Haselnussholz, 15 cm lange Stücke Eiche (oder Dübelholz), Schraubstock, Metallrohr (Ø 16 mm), Säge, Hammer, Bohrer, 5 Holzscheite mit abgerundeter Außenseite, Hobel oder Rundschleifmaschine, Axt, Meißel, Metallnägel.

1 Wenn Sie Ihr eigenes Holz schlagen, sollten Sie es möglichst in Bodennähe mit einem winkligen Schnitt schlagen. Nehmen Sie sich Zeit, um die besten Holzstücke auszuwählen – stabile für den Hauptrahmen und interessante Formen für die Lehne.

2 Verwenden Sie eine Kombination aus Holzdübeln (»Baumnägel«) und Metallnägeln, um die Bank herzustellen. Wenn Sie eigene Dübel verwenden wollen, müssen Sie diese herstellen. Dies ist eine Möglichkeit: Klemmen Sie ein Metallrohr in den Schraubstock und hämmern Sie ein Stück Eichenholz, das etwas breiter als das Rohr ist, in das Loch. Die äußeren Teile des Holzes splittern ab, so dass Sie einen Holzdübel erhalten. Sie können aber auch fertig gekaufte Holzdübel verwenden.

3 Als erstes stellen Sie die Beine der Bank her. Die hinteren, etwa 1 m hohen Beine sollten etwa 50 cm über die Sitzhöhe hinausragen, um als Stütze für die Rückenlehne zu dienen. Befestigen Sie die horizontalen Stützen (4 im unteren Bereich, 4 knapp unterhalb der Sitzhöhe) mit Holzdübeln.

4 Für die Holzdübel bohren Sie ein Loch, das den Abmessungen des Dübels entspricht, und hämmern den Dübel möglichst weit hinein. Befestigen Sie die Armlehnen mit Holzdübeln an den hinteren Beinen der Bank, dann an der Oberseite der vorderen Beine.

5 Den Sitz herstellen: Nehmen Sie die 5 Holzscheite mit abgerundeter Außenseite zur Hand; hobeln oder schmirgeln Sie sie mit der Rundschleifmaschine ab, bis die flache Seite glatt ist. Legen Sie alle Stücke mit der Rindenseite nach unten auf die Bank. Markieren Sie, wo die Stücke die horizontalen Stützen berühren. Schlagen Sie um jede Markierung einen Teil mit Axt oder Hammer heraus, so dass zwei Rillen entstehen, die auf dem Rahmen ruhen. In beide äußere Stücke müssen zwei weitere Rillen eingearbeitet werden, damit sie eng an den Beinen der Bank anliegen. Legen Sie die Sitzteile auf den Bankrahmen; hämmern Sie sie mit Nägeln fest.

Weidenruten und Schlagholz

6 Befestigen Sie die Rückenlehne mit Metallnägeln. Wenn alles gut gesichert ist, sägen Sie alle Holzdübel und Holzenden ab, so dass sie sauber mit dem Rahmen abschließen. Schmirgeln Sie rauhe Kanten ab.

Standort und Befestigung

Diese stabile Bank aus Schlagholz von Jason Griffiths mit ihrem knorrigen, mit Flechten überwachsenen Holz ist ideal für einen Bauerngarten, wo sie sich harmonisch mit ihrer Umgebung verbindet. Stellen Sie sie vor eine rosafarbene Kletterrose wie *Rosa glauca* inmitten von pinkfarbenem *Penstemon* (*Penstemon* »Alice Hindley«) und schaumweißem Schleierkraut (*Gypsophila paniculasta*). Wenn die Bank jährlich mit Öl gestrichen oder im Keller überwintert wird, hält sie jahrelang.

95

Mosaiken zählen unter den Formen des Kunsthandwerks zu den prächtigsten Arbeiten. Ihre Edelsteinfarben in Verbindung mit Silberfolie und Blattgold machen dieses Medium für alle Betrachter zu etwas Besonderem. Praktisch gesehen handelt es sich bei Mosaik um kleine Quadrate aus Keramik, Marmor oder Glas, die als *tesserae* bezeichnet werden. Mosaik ist ein vielseitiges kunsthandwerkliches Medium, das jedes Gartenkonzept, vom formellen bis zum avantgardistischen Garten, mit Farbe und Struktur erfüllt.

Mosaik

Links: Einfachste Entwürfe zeigen als Mosaik besondere Wirkung. Der Erfolg dieses Stücks ist auf die prächtige, reflektierende Oberfläche der Mosaiksteine und die Art und Weise zurückzuführen, wie sie angeordnet wurden, um das Fließen des Musters zu betonen. **Oben:** Rebecca Newnham hat goldenes und silbernes Spiegelmosaik eingesetzt, um die Oberfläche dieser beiden dekorativen Säulen zu vergolden, so dass sie eine extravagant wirkende Oberfläche erhalten haben.

Mosaik

Rechts: Dieser schimmernde Mosaikschmuck aus dem Mausoleum der Kaiserin Galla Placidia in Ravenna (5.Jh.n.Chr.) illustriert das herausragende Können byzantinischer Kunsthandwerker.

Mitte: Das Mosaik aus Pompeji mit Schale, einer Katze und Vögeln (ca. 79 n.Chr.) wurde aus winzigen Mosaiksteinen gefertigt, um die feinen Details herauszuarbeiten.

Ganz rechts: Diese muschelförmige Schale vor einem Mosaik mit zwei Reihern befindet sich in Quinta da Regaleira, Sintra (Portugal).

Mosaik – Geschichtliches

Mosaik ist eine Kunst aus dem Altertum, die seit vorchristlicher Zeit zu dekorativen Zwecken eingesetzt wurde. Obwohl sie meist mit kleinen Quadraten aus Keramik, Marmor oder Glas in Verbindung gebracht wird, können Mosaikarbeiten auch viele andere Materialien wie Muscheln, Kieselsteine und Schiefer enthalten (siehe S. 102–109), aber auch gefundene Objekte und Halbedelsteine. Mosaiken wurden bereits im vierten Jahrtausend v.Chr. in Mesopotamien verwendet. Die Beispiele dieser Zeit wurden nicht mit den Mosaiksteinen hergestellt, sondern mit kleinen, spitz zulaufenden Kegeln aus farbiger Keramik, die zu geometrischen Mustern angeordnet wurden.

Die alten Griechen, die das Wort »Mosaik« prägten, stellten Mosaikarbeiten her, aber sie bevorzugten die vom Meer geglätteten Kieselsteine. Sie stellten auch als erste Bildermosaike her, die eine Geschichte erzählten.

Es waren die Römer, die Mosaikarbeiten als künstlerisches Medium entwickelten und populär machten und die Anwendungsmöglichkeiten auf Böden, Decken, Wände, Brunnen, Möbelstücke und Säulen erweiterten. Sie stellten Handwerker aus Griechenland ein, die ihre Fähigkeiten und ihren Stil während der Zeit des römischen Reiches für römische Höfe und Inneneinrichtungen einsetzten, wobei sie hauptsächlich Stein und Marmor verwendeten. Die im italienischen Pompeji ausgegrabenen Mosaikarbeiten offenbaren eine Vielfalt von Stilen, angefangen bei den einfachen Mustern von Pflasterarbeiten und Mauern, für die Dinge verwendet wurden, die gerade greifbar waren (Muscheln oder Terrakottastücke, die in zufälligen Mustern angeordnet wurden), bis zu komplexen und anspruchsvollen Erzählungen aus Gemälden und Porträtmalerei und detaillierten, abstrakten Rändern, die Wiederholungsmotive enthielten. Die Gärten der reichen Römer enthielten neben gemeißelten Brunnen aus Stein, Vasen, Statuen und Gitterwerk häufig dekorative Mosaikpflasterungen und Wandtafeln.

In der byzantinischen Zeit (5. und 6.Jh.n.Chr.) wurden Maßstäbe für feine Mosaikarbeiten gesetzt, die später nur selten übertroffen wurden. Zu den berühmtesten Mosaiken jener Zeit zählen jene im norditalienischen Ravenna. Das Mausoleum der Kaiserin Galla Placidia, die 450 n.Chr. starb, ist ein Triumph von Geschick und Kunstfertigkeit. Der Innenraum besteht fast nur aus Mosaik: die an manchen Stellen gewölbte Decke ist mitternachtsblau und repräsentiert den dunklen Nachthimmel mit blinkenden Goldsternen aus Marmor- und Glasmosaiksteinen. Figürliche Kompositionen, ländliche

Mosaik

Szenen und Stillleben mit Flora und Fauna stehen geometrischen Entwürfen von erstaunlicher Kompliziertheit in auffallenden Farben gegenüber.

Im elften und zwölften Jahrhundert bewirkte die Ausbreitung des Christentums in Europa, dass Mosaikarbeiten erneut ein buchstäblich goldenes Zeitalter erlebten: gold- und silberfarbene Mosaiksteine wurden für grandiose Arbeiten verwendet. Beispiele sind das Kloster Daphnis in Griechenland und die Cappella Palatina in Palermo, Italien.

In der Renaissance änderte sich der künstlerische Geschmack: bei der Neubelebung des Klassizismus bevorzugte man Gemälde und großartige architektonische Aussagen. Mosaikarbeiten dienten nur noch zur Imitation von Gemälden. Gegenüber dem glänzenden Glasmosaik in Gold und Silber wurde eine realistischere Palette bevorzugt. Eines der vielen imitierenden Mosaiken jener Zeit ist Raphaels *Verklärung* im Petersdom zu Rom. Als eigene Kunstform erlebten Mosaikarbeiten über mehrere Jahrhunderte hinweg bald eine Zeit der Stagnation und des Niedergangs.

Mosaik

Im neunzehnten Jahrhundert erwachte das Interesse an dieser Kunstform neu. Mosaikarbeiten passten gut zu der eklektischen Mischung verschiedener Kulturen und historischer Perioden, die für die Kunst in dieser Zeit charakteristisch waren. Mosaiken wurden in großartigen Gebäuden und Interieurs wie in der Pariser Oper und beim Londoner Albert-Denkmal eingesetzt. Es entstanden Mosaikwerkstätten, von denen die wichtigsten in Deutschland, Frankreich und Italien anzutreffen waren. Dennoch hatte eine Vielzahl der Mosaikarbeiten einfach nur dekorativen Charakter.

Um die Mitte des neunzehnten Jahrhunderts erzeugte das neu gegründete Arts and Crafts Movement frisches Interesse an kunsthandwerklichen Techniken und Materialien, so dass die Nachfrage nach Mosaiken stieg. Gleichzeitig ließen sich Künstler von Mosaikarbeiten inspirieren: Pointillisten wie Seurat kreierten Gemälde, die sich aus kleinen Punkten zusammensetzten, während Cézanne Kompositionen aus festen Farbblöcken schuf. Als der Jugendstil in Europa und den USA populär wurde, stand dieses Medium erneut im Mittelpunkt.

Während die meisten Künstler und Architekten um die Jahrhundertwende Mosaik als zusätzliches dekoratives Mittel betrachteten, machte der Architekt Antonio Gaudi, der Meister des katalanischen *modernisme*, Mosaik zu seinem wichtigsten Arbeitsmaterial. Gaudis Verfahren war völlig neu: als erster Wiederverwerter des zwanzigsten Jahrhunderts, der heute viele moderne Künstler inspiriert, benutzte er zerbrochene Gefäße und Teller, Flaschenglas und *objets trouvés*, um eine ganz aus Mosaiken bestehende Landschaft zu schaffen, etwa den Parque Güell in Barcelona (1900–1914).

Im weiteren Verlauf des zwanzigsten Jahrhunderts wurde Mosaik zu einer dekorativen Kunstform, die bei Künstlern und Architekten in Europa und den USA sehr beliebt war. Gustav Klimt stellte Wandbilder aus Mosaik für Josef Hoffmanns Palais Stoclet in Brüssel her. Die europäischen Künstler Henri Matisse, Georges Braque und Marc Chagall experimentierten mit diesem Medium. In New York verwendete der Glaskünstler Louis Comfort Tiffany handgearbeitetes »Favrile«-Glas, um Wandtafeln und Vogeltränken aus Mosaik herzustellen.

In Mexiko wurden Mosaikarbeiten in einem viel größeren Maßstab hergestellt. In den dreißiger und vierziger Jahren schufen Künstler wie Diego Rivera gigantische Wandbilder, in denen oft Steine als Mosaik eingesetzt wurden, um politische Aussagen zu formulieren. Juan O'Gorman, ein anderer Künstler des mexikanischen Muralismo, schuf die Mosaikfassade der Zentralbibliothek der Universität von Mexiko City – eine riesige Arbeit mit komplizierten Bildern der mexikanischen Geschichte.

Der Volkskünstler Simon Rodia war einer der inspiriertesten Mosaikkünstler des späten zwanzigsten Jahrhunderts. Ein Denkmal seines Lebenswerks sind die Watts Towers in Los Angeles, eine Reihe hoher Konstruktionen, die er gebaut und mit zerbrochenem Glas und Ziegeln, Kronkorken, Muscheln und anderen Fundstücken versehen hat. Rodia widmete diesem Projekt 34 Jahre seines Lebens.

Heute sind in unzähligen Privatgärten in Amerika und Europa Mosaiken kleineren Maßstabs anzutreffen. Der Brite Steven Sykes arbeitete im Bereich der ornamentalen Kunst und stellte von 1970 bis 1990 Mosaikarbeiten für seinen Garten in Sussex her und schuf Mosaikpflasterwege mit Fransenenden als Teppichimitation sowie dreidimensionale figürliche Skulpturen, Brunnen und Grotten. Aktuelle Mosaikarbeiten zeichnen sich durch die Wahlfreiheit bei den Materialien und die Vielfalt aus.

Mosaik

Ganz links: Antonio Gaudis Wasserspeiher in der Form eines Eidechsenkopfes im Parque Güell in Barcelona ist mit unregelmäßig geformten Mosaiksteinen in lebhaften Farben versehen.

Links: Diese wellenförmig verlaufende, von Säulen gestützte Decke ist ebenfalls ein Werk Gaudis im Parque Güell. Sie ist ganz mit Mosaik verkleidet und wird durch auffallende Sonnen betont.

Mosaik

Mosaik im Garten

Mosaikkompositionen können wie die Materialien, aus denen sie hergestellt wurden, so vielfältig und überschwänglich wie die Fantasie ihres Herstellers sein. Diese vielseitige Kunstform hat eine chamäleonartige Qualität, deren Stärke in der leuchtenden Farbpalette und der glänzenden, schillernden Natur der Materialien, aber auch in der großen Möglichkeit des Designs und der Anwendungsmöglichkeiten liegt. Es ist eine der dankbarsten kunsthandwerklichen Techniken für den Amateur.

In allen Gartenanlagen sollte bei der Wahl von Materialien und Farben für ein Mosaik Sorgfalt walten. Wenn Sie einen gewachsenen Garten mit verwitterten Steinbereichen und reifen Pflanzen haben, bevorzugen Sie wahrscheinlich ein Mosaik in feinen Farbtönen aus Materialien wie Marmor oder Terrakotta, die zeitlos wirken und sich harmonisch in die Umgebung einpassen. In einem neuen oder moderneren Garten sorgen leuchtend bunte Mosaikarbeiten aus glänzenden Steinen oder Spiegelsteinen für eine lebhafte Wirkung.

Bevor Sie mit einem Mosaik beginnen, lohnt es sich, die möglichen Stilrichtungen und den für sie besten Standort in Betracht zu ziehen. Ein Mosaik kann in einer formellen Umgebung und in einem Bauern- oder minimalistischen Garten wirken.

Im formellen Garten können Mosaikentwürfe die charakteristischen, strukturierten, dicht geschlossenen Pflanzenreihen ergänzen und betonen. Die Römer stellten wunderschöne Pflasterungen mit einer begrenzten schwarzweißen Palette her, die sie zu kühnen, geometrischen Entwürfen für ihre klassischen Gärten verarbeiteten. Andererseits mildern zwanglosere Stücke mit wellenförmigen Konturen sowie Entwürfe mit flüssigen Linien die harten Linien eines symmetrischen Pflanzplans.

In einem Bauerngarten mit seiner kraftvollen Fülle von Stockrosen, Rosen und Lavendel hingegen kann man »verrücktere« Mosaikarbeiten mit lebhaften Farben und kühnen Mustern schaffen. Design und Farbpalette sollten auch hier die Umgebung widerspiegeln und den Pflanzenplan ergänzen – beispielsweise mit einer Reihe von Trittsteinen, die abgefallene Blütenblätter von Rosen oder Lavendelblüten zeigen, oder mit einem Entwurf, der die verschiedenen Jahreszeiten darstellt.

Die sparsame Ästhetik des minimalistischen Raums macht eine andere Behandlung des Themas erforderlich. Vielleicht sind Sie der Meinung, dass ein so dekoratives Medium wie Mosaik in dieser Situation unpassend wäre, aber abstrakte anstelle von figürlichen Kompositionen können in dieser Situation sehr effektiv sein, speziell in Pflasterarbeiten, Wandbildern und dreidimensionalen Arbeiten.

Mosaik verleiht Töpfen, Urnen und anderen Behältern magische Wirkung. Ein kleiner Behälter sieht mit einem einfachen, auffallenden Design oder mit einer begrenzten Farbpalette oft am besten aus, während Sie einen größeren ganz nach Wunsch mit einem komplizierten Design versehen können. Da diese dreidimensionalen Mosaikarbeiten frei stehen, können sie ganz nach Laune oder Jahreszeit an verschiedenen Stellen aufgestellt werden, so dass sie einen ständig wechselnden Konzentrationspunkt im Garten bilden. Im Winter, wenn Gärten nicht so attraktiv sind, hat ein leuchtend bunter Mosaiktopf, der vor einem Fenster aufgestellt und mit frühblühenden Pflanzenzwiebeln bepflanzt wird, eine wunderbar aufmunternde Wirkung. Eine prächtige Kombination für den Sommer wäre ein Mosaiktopf in satten Gold- und Orangetönen, der mit Kapuzinerkresse in vielen Farben bepflanzt wird, die von blassem Zitronengelb bis Karmesinrot reichen.

Mosaik

Ganz links: Gefundene Objekte wie Kieselsteine und Muscheln ergeben bei diesem von der Volkskunst inspirierten Blumentopf von Philip Watson zusammen mit Scherben von zerbrochenem Geschirr kontrastreiche Strukturen.

Links: Mit seiner Mischung aus Hell und Dunkel, Schatten und botanischen Bildern passt sich das Design dieses strukturierten Mosaiktopfes der Australierin Margot Knox perfekt in seine Umgebung ein.

Oben: Diese große kahle Wand wird durch das kurvige Design der Wandschale und des Mosaiks darunter belebt.

Mosaik

Eine sehr direkte Möglichkeit für den Einsatz von Mosaik im Garten sind Pflasterungen oder Mauern. Die Materialien werden nicht nur auf einer flachen Oberfläche angebracht, sondern in vielen Fällen auf einer bereits bestehenden. Man kann einen ganzen Weg mit Mosaik versehen oder hin und wieder Wiederholungsmotive platzieren, um dem ganzen Weg eine gewisse Einheitlichkeit zu verleihen. Auf Wegen und Pflasterungen im ganzen Garten können dekorative Mosaiktrittsteine verschiedene Bereiche optisch schön miteinander verbinden.

Kleine Bereiche, die mit Mosaik gepflastert werden, sind eine interessante Möglichkeit, den Blick auf andere Gartenelemente (etwa ein Brunnen oder eine Sonnenuhr) zu lenken oder deren Wirkung zu verändern. Jedes Design, das aufmerksam macht (Spiralen, Strahlen oder Zickzacklinien), ist dabei effektiv. Kreisförmige Mosaiken mit ihren rhythmischen Mustern sind ideal, um einen Bereich aufzubrechen, der von geraden Linien beherrscht wird.

Sorgen Sie mit trompe l'œil-Effekten für ein Überraschungselement und Spass. Mit Hilfe der Perspektive kann man dem Betrachter Streiche spielen: durch die Verwendung geometrischer Formen etwa kann eine Mosaikwand oder eine Pflasterarbeit verlängert oder verkürzt werden, so dass die Illusion von Raum oder Beengtheit entsteht. Auf dem Boden und an den Wänden in der Ecke eines Gartenhauses kann ein Mosaik einen eigenen stimmungsvollen Bereich schaffen.

Eine Gartenoberfläche kann direkt mit einem Mosaik versehen werden. Man kann Mosaiktafeln aber auch erst an anderer Stelle herstellen und sie dann an dem jeweiligen Standort anbringen. Die Tafeln können an einer Wand aufgehängt oder in einen Weg eingearbeitet werden.

Licht und Schatten im Garten können die Wahl von Mosaikmaterialien beeinflussen. Schillernde Mosaikarbeiten führen in langweilige Bereiche Farbe ein oder beleben schattige Stellen. Spiegelmosaik sowie silberne und goldene Glassteine sind dann besonders wirkungsvoll. In Schattenbereichen lenken die edelsteinartigen Quadrate das Auge auf sich. Wenn sie winklig angebracht wurden, fangen sie zudem das Licht ein und reflektieren es. Eine preiswertere Alternative ist Porzellan, speziell Stücke mit glänzender Oberfläche. Helle Metallknöpfe oder Kronkorken können auch verwendet werden, so dass funkelnde, freie Kompositionen entstehen.

Mosaik ist unentbehrlich, um unschöne Merkmale zu verbergen oder farblose aufzuhellen. Hässliche Betonbereiche, Regentonnen aus Kunststoff und Urnen, Gartenschuppen und Nebengebäude werden zu Kunstwerken und auf diese Weise neu belebt. Mahlzeiten im Garten erhalten ein neues Ambiente, wenn die Gartenmöbel mit Mosaik ver-

Rechts: Mosaik bildet eine feste und dauerhafte Oberfläche für Gartenmöbel. Hier machen kühne, geometrische Farbblöcke den Tisch zum Mittelpunkt dieses Gartenbereichs.

Mitte: Diese von Kate Otten geschaffene Schlange, die direkt in den Boden eingelassen ist, lenkt das Auge in den Raum hinein.

Ganz rechts: Dieser Wandschmuck aus Geschirrscherben, die in Zement gesetzt wurden, befindet sich im Maison Picassiette in Chartres und stammt vom Volkskünstler Raymond Isidore.

Mosaik

sehen werden. Eine Tischplatte lässt sich leicht dekorieren, und ein Mosaik bildet eine ebene, strapazierfähige Oberfläche; für Stühle, Bänke und Hocker ist mehr Zeit erforderlich.

Kinder werden von der leuchtenden Palette von Mosaikarbeiten und der Technik angezogen, die viel mit Collagen gemein hat, so dass Resultate sofort sichtbar werden. Mit Mosaik lassen sich alle möglichen schönen Dinge herstellen: Kisten für Spielsachen, Umrandungen von Spielbereichen, in Mauern eingelassene Bilder oder Karogitter für Spiele an der frischen Luft wie »Mühle«, »Dame« oder »Mensch ärgere dich nicht«. Wenn diese Gitter gut

Mosaik

Ganz links: Der sparsame Einsatz von Spiegelmosaik umreißt und betont die Kreisform des Mystischen Teichrohrs von Ivan Hicks. Als Blickfang dienen Spiegelmosaikstücke, die an feinem Draht hängen.

Links: Der kalifornische Künstler Bob Clark schuf diesen Gartensitz aus Beton. Er dekorierte ihn wie eine speziell angefertigte Jacke mit Glasperlen, Spiegelglas und viel Glitzerkram.

Rechts: Die Grundlage dieses überschwänglichen Mexikanischen Hochzeitsbrunnens von Cleo Mussi ist eine alte Bratpfanne. Die Oberfläche besteht ganz aus wiederverwertetem Geschirr und geht auf die jemenitische Architektur zurück.

geplant werden, ergeben sie gleichzeitig dekorative Pflasterbereiche im Rasen oder in einem Weg. Die Technik ist einfach, und die jüngeren Familienmitglieder können den Entwurf mitgestalten.

Die starke Leuchtkraft von Mosaiken wird durch Wasser verstärkt, ob es sich um einen Frühlingsschauer oder einen Bach handelt. Mosaik ist heute noch ein beliebtes Material zur Auskleidung von Swimmingpools. Ein Mosaik in der Nähe eines Brunnens oder einer Wasserquelle oder ein flacher, mit einem schillernden Mosaik ausgelegter Teich wird zum Mittelpunkt des Gartens. Sie können *trompe l'œil*-Effekte mit Krebsen, Hummern, Fischen oder Wasserpflanzen auf dem Boden des Teichs kreieren oder sich für ein eher klassisches Muster mit einfarbigem Mosaik und einem geometrischen Rand entscheiden.

Mosaikarbeiten sind ein ideales Dekorationsmittel für Brunnen. Ein preiswerter Brunnen wird interessant, wenn er mit wasserabweisendem Zement und einer Auswahl farbenfroher Mosaiksteine versehen wird. Wenn Sie über eine Wasserpumpe verfügen, können Sie mit einem großen Metalltrichter selbst einen Brunnen kreieren. Verkleiden Sie die Außenseite des Trichters mit Mosaikkacheln und bringen Sie ihn über der Pumpe an. Mosaik in Form eines klassischen römischen Kopfes oder eines mythischen Wesens kann auch um ein Speirohr in einer Wand angebracht werden.

Mosaik – praktische Hinweise

Das Grundmaterial für Mosaikarbeiten sind Mosaiksteine aus Keramik oder Glas, die es fertig zugeschnitten im Fachhandel oder Postversand gibt. Marmor und Stein können ebenfalls verwendet

Mosaik

werden, müssen aber eher von einem Fachmann zugeschnitten werden. Mosaikarbeiten sind gut geeignet, um Perlen, Knöpfe, zerbrochenes Geschirr, Glas, Spiegel und Fliesen zu verarbeiten. Zerbrochene Fliesen sind oft gegen eine geringe Gebühr in entsprechenden Geschäften erhältlich, und anderes rezykliertes Material kann man bei Privatverkäufen, auf Baustellen oder bei Freunden finden.

Das benötigte Werkzeug sind eine Brechzange mit Feder, die Glas wie auch Keramik schneidet, oder ein Glasschneider und ein Fliesenschneider, ein Teppichmesser, Spachtel, Zange sowie ein Schwamm und eine Kelle zum Verfugen und Zementieren.

Mosaik kann an Kunststoff, Holz, Keramik, Metall, Beton und vielen anderen Materialien angebracht werden. Zum Befestigen von Mosaikkacheln braucht man Zement oder einen Kleber. Für die Oberflächen sind unterschiedliche Techniken erforderlich. Für Mosaik, das draußen angebracht wird, braucht man wasser- und frostfesten Zement und Mörtel. Für Kunststoff und Metall nimmt man einen Fliesenkleber für den Außenbereich. Holz muss zuerst mit der verdünnten Lösung eines PVA-Klebers versehen werden. Für Keramiken und Beton verwenden Sie einen Kleber auf Zementbasis für den Außenbereich. Der Mörtel kann mit Acryl- oder Zementfarbe gefärbt werden. Tragen Sie immer eine Schutzbrille, wenn Sie Mosaiksteine schneiden, und Gummihandschuhe beim Zementieren und Verfugen.

107

GALERIE – Techniken

Oben: Dieses Werk von Cleo Mussi besteht ganz aus wiederverwertetem, glasiertem Geschirr, das sorgfältig in 2 cm breite Streifen geschnitten wurde. Obwohl die Flügel der Bienen eine ähnliche Farbe wie der Hintergrund haben, sorgt ihr Arrangement in einem anderen Winkel dafür, dass sie sich abheben. Für die Beine wurden sorgfältig ausgewählte dekorative Scherben verwendet.

Rechts: Marmor und einfarbige sowie dekorative Keramikkacheln wurden für diesen Entwurf neben einem Swimmingpool in Zement gesetzt. Die dreidimensionale Wirkung des zentralen Motivs wird durch den Kontrast von dunklem und hellem Marmor erreicht. Der Hintergrund aus unregelmäßiger Pflasterung bildet einen hübschen Gegensatz zum formellen Stern und ist leicht zu arbeiten, da nichts geschnitten werden muss.

Oben links: Stilisierte Keramikrosen aus Porzellanscherben wurden in Zement gesetzt, der mit Blättern und Stängeln bemalt wurde. Diese Arbeit zeigt, wie sich alltägliche Dinge in erlesene Kompositionen verwandeln lassen.

Oben rechts: Ein Detail zeigt die enge Verwandtschaft von Mosaik und Patchwork. Dieses Stück, das Erinnerungen an vergangene Zeiten wachruft, wurde aus wiederverwertetem viktorianischem Porzellan gearbeitet, das stark glasiert, bedruckt und einfarbig ist. Die Materialien, die ein Schriftfragment und ein verblasstes Foto umfassen, tragen zu diesem Effekt bei, und das glänzende goldene Fugenmaterial, in das die Scherben eingebettet sind, verleiht dem Stück eine edelsteinartige Wirkung.

Links: Detail einer Drachenskulptur auf einem Spielplatz in Japan. Dieser Teil besteht aus Keramik, die mit Lüster glasiert und zu Scheiben geformt wurde. Durch seine Form und die leicht reptilienartige Struktur ahmt das Mosaik die Schuppen eines Drachens nach.

»Die komischsten Assemblagen sind in ein Puzzle aus Keramikgeschichte eingearbeitet, die rezykliert wurde, um die Persönlichkeit meiner Charaktere entstehen zu lassen.«

Cleo Mussi

Cleo**Mussi**
Mosaikfiguren

Cleo Mussis ursprüngliche Ausbildung im Textilbereich hat einen starken Einfluss auf ihre Mosaikarbeiten. Sie behandelt undekorierte Oberflächen genau wie einen einfarbigen Stoff, indem sie Farbe, Struktur und Muster miteinander kombiniert, um ein kraftvolles Oberflächendesign zu schaffen. Elemente der Stickerei, Weberei und Spitzenherstellung sind in ihren Mosaikmustern ebenfalls sichtbar. Da Mussi viel wiederverwertetes Material einsetzt, fühlt sie sich zu Kulturen hingezogen, die schon immer rezykliert haben, wie dies beispielsweise in Indien und Afrika der Fall ist. Sie lässt sich auch von traditionellen islamischen und marokkanischen Teppichen und von der jemenitischen Architektur mit ihren leuchtend bunten, gemalten Details inspirieren.

Mussis Kompositionen setzen sich aus Keramikscherben, Glas, Schiefer und *objets trouvés* wie alten Geschirrdeckeln, Tüllen und Griffen zusammen. Sie kann die schlichtesten und unwahrscheinlichsten zweckmäßigen Objekte in Kunstwerke verwandeln – alte Kochtöpfe und Pfannen etwa werden zu dekorativen Wandstücken, während Trichter, Blechschalen und Keksdosen die Physiognomie ihrer totemähnlichen Mosaikfiguren bilden.

Die hier vorgestellten Figuren wurden aus Gartenwerkzeugen hergestellt. Mussi skizziert ihre Mosaikentwürfe vorher mit Wachsstiften, aber letztlich wird die Komposition von der Materialwahl diktiert. Bevor Sie mit der Herstellung einer Mosaikfigur beginnen, lohnt es sich, nach alten Tellern und Fliesen zu suchen, die zu Mosaiksteinen zerbrochen werden können.

Cleo Mussis hübsche Mosaikcharaktere haben Tassengriffe als Ohren, während Kopf und Körper aus Schaufeln und Trichtern bestehen. Die unterschiedlich geformten Mosaikstücke sind so angeordnet, dass Gesichtszüge wie Nase und Augenbrauen entstehen.

Mosaik

Material und Ausrüstung

Zerbrochenes Geschirr oder Fliesen für die Mosaikscherben, Brechzange mit Feder, Kunststofftrichter, scharfes Messer, Gartenschaufel, Holzleim, Pinsel, Heftgaze, Spachtel, Fliesenkleber für den Außenbereich, Gummihandschuhe, grauer Mörtel für Bodenfliesen, schwarze Zementfarbe, Staubmaske, Tuch, Zahnbürste.

1 Zerbrochenes Geschirr oder Fliesen in verschiedenen Farben, Mustern und Ausführungen, die tolle optische Wirkungen am fertigen Stück hervorrufen, können zu Mosaikstücken verarbeitet werden. Verwenden Sie die Brechzange mit Feder (im Fachhandel für Mosaik oder Fliesen), um das Geschirr in kleine Scherben zu brechen.

2 Stellen Sie die Grundform der Schaufelfigur her. Schneiden Sie das Ende des Kunststofftrichters mit dem scharfen Messer ab und stecken Sie die Schaufel in das Loch. Bestreichen Sie den Schaufelgriff und den Trichter mit Holzleim und umwickeln Sie das Ganze mit der Heftgaze, wie Sie es mit einem Verband tun würden.

3 Mit dem Spachtel streichen Sie eine Schicht Fliesenkleber für den Außenbereich auf die Oberfläche der Schürze. Beginnen Sie nun mit den Blumenmotiven, indem Sie sich vom Zentrum der Blumen nach außen vorarbeiten und die Lücken dazwischen hinterher ausfüllen.

4 Um das Gesicht der Figur zu arbeiten, decken Sie den Schaufelkopf mit Fliesenkleber für den Außenbereich und Heftgaze ab und arbeiten die Gesichtszüge mit farbigen Mosaikstücken heraus, indem sie Augen, Wangen, Nase und Lippen schaffen. Anschließend werden die noch freien Partien ausgefüllt.

5 Als nächsten Schritt verfugen Sie die Figur. Sie können dazu grauen Fußbodenmörtel oder weißen Fertigmörtel verwenden. In beiden Fällen kann schwarze Zementfarbe dazugegeben werden, was eine interessantere Wirkung ergibt und die Komposition stärker definiert. Um beste Ergebnisse zu erzielen, glätten Sie den Mörtel mit der Hand. Tragen Sie dabei unbedingt Handschuhe!

Mosaik

6 Reiben Sie überschüssigen Mörtel mit einem Tuch oder einer kleinen Scheuerbürste ab (eine Zahnbürste ist dafür ausgezeichnet geeignet). Tragen Sie bei dieser Aufgabe Handschuhe und eine Staubmaske. Lassen Sie den Mörtel über Nacht trocknen.

Standort und Befestigung

Cleo Mussis Figur lässt sich im Garten an verschiedenen Orten aufstellen. Dieses freistehende Stück wirkt vor einem grünen Bereich oder verwittertem Holz ebenso schön wie im Gemüsebeet oder in einer Staudenrabatte. Eine Gruppe Mosaikfiguren verleiht dem Garten eine komische Note. Das Wunderbare an diesem Werk ist, dass man es abhängig von der Jahreszeit in verschiedenen Gartenbereichen aufstellen kann. Stellen Sie die Figur immer an einer windgeschützten Stelle auf und nehmen Sie sie im Winter ins Haus.

113

»Mosaik ist eine Sprache endloser Möglichkeiten und Übersetzungen.«

Rebecca Newnham

Rebecca Newnham
Mosaikscheibe

Rebecca Newnham gelingt es, alltägliche Dinge in glitzernde Kunstwerke zu verwandeln. Nach einem Kunststudium im Bereich Glas und Keramik wechselte sie die Richtung und wandte sich Mosaikarbeiten zu. Die außergewöhnlichen organischen Formen, die bei der Glasbläserei entstehen, haben ihr Werk genauso stark beeinflusst wie byzantinische Mosaikarbeiten. Sie hat die Technik byzantinischer Künstler übernommen, Mosaiksteine winklig anzuordnen, um ihre reflektierende Eigenschaft zu erhöhen. Sie befestigt sie auf gekrümmten Oberflächen, um diese Wirkung noch weiter zu betonen. Zusätzlich verwendet sie eine Grundlage aus Styropor (eine dichte Form des Polystyrols), das im Gegensatz zu traditionellen Mosaikgrundlagen geschnitzt werden kann und für ihre flüssigen, kurvig verlaufenden Kompositionen viel besser geeignet ist.

Newnham wählt ihre Materialien in den glitzernden, schillernden Tönen am Ende des Mosaikspektrums aus. Zur Zeit arbeitet sie fast nur mit Glassteinen, die sie mit farbigem Email, Goldblatt, Aluminium und Silber bemalt. Sie kreiert ihre Werke in mehreren Phasen: auf eine erste Skizze folgt ein Gemälde, das Farbe und oft auch Struktur in Form einer Collage einführt. Schließlich setzt sie den Entwurf in Mosaiksteine um, die sie auf eine Grundlage aufbringt.

Die hier vorgestellte Spiegelmosaikscheibe besteht aus Spiegelsteinen, die auf einer Glasfaserunterlage befestigt wurden. Die Basis und das Mosaik lassen sich relativ leicht herstellen, obwohl die Grundlage ein, zwei Tage trocknen muss, bevor Sie mit der Mosaikarbeit beginnen können. Falls Sie keine Erfahrung im Glasschneiden haben, sollten Sie fertige Glassteine kaufen.

Die glitzernde Spiegelmosaikscheibe kann so, wie sie ist, aufgestellt oder halb mit Wasser gefüllt werden, so dass ihre reflektierenden Qualitäten unterstrichen werden.

Mosaik

Material und Ausrüstung

Ein großer Teller oder eine Servierplatte, Wachstrennmittel, Glasfaserstreifen (15 x 46 cm), Gummihandschuhe, Epoxidharz, Pinsel, Bleistift, Bügelsäge, Rundfeile, fertige Spiegelsteine oder Spiegelglas, Rundschneidemaschine (optional), Glasschneider, Spachtel, porenfreier Fliesenkleber, feiner Mörtel, trockenes weiches Tuch.

1 Stellen Sie Ihre Form mit Hilfe eines großen Tellers oder einer Servierplatte her. Dazu bestreichen Sie die Unterseite mit Wachstrennmittel, damit Sie den Teller oder die Platte entfernen können, wenn die Form fest geworden ist. Ziehen Sie Gummihandschuhe an und legen Sie Glasfaserstreifen auf das Wachstrennmittel.

2 Mit dem Pinsel eine Schicht Epoxidharz auftragen. So wird die Glasfaser nass, dann fest. Wenn die erste Glasfaserschicht trocken ist, was etwa einen Tag dauert, fügen Sie eine weitere Schicht zu und tragen mehr Epoxidharz auf. Sie brauchen mindestens zwei Schichten.

3 Die Form stehen lassen, bis sie sich trocken anfühlt; markieren Sie den Rand des Tellers oder der Platte mit Bleistift. Dann entfernen Sie Teller oder Platte aus der Form. Sägen Sie mit der Bügelsäge um die Bleistiftlinie herum. Mit der Rundfeile glätten Sie rauhe Stellen der Form.

4 Für das Mittelstück des Mosaiks nehmen Sie einen Kreis aus Spiegelglas oder, wenn Sie es bevorzugen, eine Dreiecksform, einen Kieselstein oder einen Knopf. Wenn Sie im Glasschneiden erfahren sind, schneiden Sie den Kreis mit einer Rundschneidemaschine aus.

5 Quadratische Spiegelsteine sind im Fachhandel erhältlich. Wenn Sie die Steine selbst herstellen wollen, brauchen Sie eine Scheibe Spiegelglas von ungefähr einem Quadratmeter Größe. Markieren Sie mit dem Glasschneider waagrecht und senkrecht 2,5 cm breite Streifen; ritzen Sie diese an. Brechen Sie die Streifen mit der Hand ab. Sie brauchen etwa 800 Stücke für die Innen- und Außenflächen.

6 Mit dem Spachtel streichen Sie eine 3 mm dicke Schicht porenfreien Fliesenkleber auf einen Bereich in der Mitte glatt auf. Das runde Mosaikstück in die Mitte plazieren; ordnen Sie die kleinen Quadrate drumherum an. Arbeiten Sie sich in wachsenden Kreisen zur Außenkante vor.

7 Tragen Sie bei der Arbeit mehr Kleber auf, aber achten Sie darauf, dass es nicht zuviel auf einmal ist, da er an der Luft trocknet. Wenn Sie die Innenseite der Form fertiggestellt haben, bekleben Sie die Außenseite mit Steinen.

Mosaik

8 Wenn die Form ganz mit Steinen versehen ist, tragen Sie eine Schicht Mörtel auf das Mosaik auf. Verwenden Sie eine feine Mischung, damit das Glas nicht zerkratzt wird. Tragen Sie die Masse mit der Hand auf; streichen Sie sie glatt (Handschuhe tragen!). Wenn die Masse noch nass ist (was je nach Wetter 10 Minuten bis 2 Stunden der Fall sein kann), reiben Sie möglichst viel Mörtel mit einem trockenen Tuch ab.

Standort und Befestigung

Rebecca Newnhams schimmernde Mosaikscheibe mit ihrer subtilen Palette und den stark reflektierenden Eigenschaften sollte so aufgestellt werden, dass das Licht (vorzugsweise durch Laubwerk einfallendes Sonnenlicht) die glänzende Oberfläche unterstreicht. Dieses freistehende Stück muss nicht speziell befestigt werden. Es wirkt besonders schön, wenn es von weichen, fedrigen Gräsern oder Pflanzen wie Klatschmohn umgeben ist, deren leuchtende Farben sich in der Oberfläche widerspiegeln. So lange Sie wetterfesten Fliesenkleber und Mörtel verwendet haben, kann die Scheibe das ganze Jahr über draußen stehen.

Schiefer mit satinartigem Glanz, Kieselsteine mit ihren abgerundeten Konturen und Muscheln mit ihren zarten Formen sind perfekte Naturmaterialien für Gartenschmuck. Zusammen vollbringen sie magische Meisterstücke, indem sie unauffälligen Stellen oder Problembereichen im Garten Struktur, Farbe und Reiz verleihen und alltägliche Dinge in Kunstwerke verwandeln. Schiefer, Kieselsteine und Muscheln wirken am besten nach einem Regenschauer, da sie dann besonders schön glitzern.

Schiefer, Kiesel und Muscheln

Links: Kieselsteine glitzern sehr schön, wenn sie nass sind. Zeitgenössische Künstler nutzen diese Eigenschaft oft, indem Sie sie in Wasserspiele integrieren. **Oben:** Eiförmigen Kieselsteinen verschiedener Größe wurden hier Schieferschnitzeln gegenübergestellt, die eine fliegende Schwalbe darstellen.

Schiefer, Kiesel und Muscheln

Schiefer – Geschichtliches

Schiefer entsteht im Verlauf von Millionen von Jahren aus Sedimentgestein und Schlamm auf dem Grund alter Meere. Das von Natur aus in feinen Schichten auftretende Material kann als fester Block verwendet oder in papierdünne Scheiben aufgespalten werden. Schiefer kommt hauptsächlich in Europa und Amerika vor.

Schiefer wurde seit römischer Zeit zum Eindecken von Dächern verwendet, aber es dient seit Jahrhunderten auch als Material für Wand- und natürlich Schultafeln. Die Dachdecker des europäischen Mittelalters, die an den großen Kathedralen Europas arbeiteten, nutzten das dekorative Potential von Schiefer und legten die Schieferplatten abwechselnd in Richtung der Maserung oder gegen sie.

Die nordwalisische Schieferindustrie nahm ihren Anfang Mitte des achtzehnten Jahrhunderts und erreichte im neunzehnten Jahrhundert, als walisische Schieferbrüche die größten Schieferproduzenten der Welt waren, einen Höhepunkt. Bis zum Ende des achtzehnten Jahrhunderts war der Schieferabbau primitiv und der Ertrag gering, aber durch die industrielle Revolution wurden neue Produktionsmethoden eingeführt, um die große Nachfrage nach Schiefer für Dächer, Treppen, Böden, Kaminsimse, Herde sowie Tür- und Fensterstürze zu erfüllen. Schiefer war auch in Gärten als Material für verrückt gemusterte Pflasterarbeiten beliebt.

Walisischer Schiefer wurde in die frühen amerikanischen Kolonien exportiert. Der erste amerikanische Schieferbruch in Pennsylvania wurde erst 1785 eröffnet, doch gegen Ende des neunzehnten Jahrhunderts gab es dort bereits über 200. Da Schiefer weltweit immer leichter erhältlich war, lenkte das Material die Aufmerksamkeit von Künstlern und Kunsthandwerkern auf sich. Im neunzehnten Jahrhundert wurde es als Mittel für verschiedene Objekte verwendet, die von Tischen bis zu Fächern reichten, die aus den feinsten Schieferplatten gearbeitet wurden.

Die Einführung preiswerterer Alternativen für Schiefer im zwanzigsten Jahrhundert führte zu sei-

nem Niedergang als Dachmaterial. Doch gleichzeitig nahm das Interesse an seinem Potential zur Herstellung von Skulpturen und Gartenschmuck aus neu abgebautem und rezykliertem Schiefer zu.

Kiesel, Muscheln – Geschichtliches

Muscheln gehören zu den ersten Dekorationsartikeln und werden seit Tausenden von Jahren genutzt, vor allem am Meer. Man fand durchbohrte Muscheln,

Schiefer, Kiesel und Muscheln

Ganz links: Im Verlauf der Zeit wird Schiefer oft von Flechten und Moosen überwachsen, und seine graublaue Farbgebung wird intensiver.

Mitte: Die prächtige Wand- und Bodendekoration in Nymphaeum in Lainate in der Nähe von Mailand (sechzehntes Jahrhundert) besteht aus ligurischem schwarzem Kalkstein und Quarz.

Links: Dieses einfache geometrische Design auf der Insel Tilos ist typisch für griechische Mosaiken aus Kieselstein, die dort seit Jahrhunderten hergestellt werden.

die als Schmuck getragen wurden, an vorgeschichtlichen Fundstellen in Zentralfrankreich. Muscheln waren bei vielen Kulturen auch als Währung geschätzt, angefangen bei den Wampum (Muschelketten) der Indianer bis zu Kaurischnecken in Afrika.

Kieseldekorationen, für die man vom Meer glatt geschliffene Kiesel verwendete, wurden jahrhundertelang eingesetzt. Das älteste Beispiel ist ein Kieselmosaikboden in Gordium in Kleinasien aus dem achten Jahrhundert v.Chr. Im alten Griechenland wurde das Material oft für dauerhafte Pflasterwege eingesetzt. *Coclackia*, die griechische Bezeichnung für Kieselarbeiten, ist eine Lautmalerei. In China waren Mosaiken aus Kieselsteinen über 2000 Jahre lang ein traditionelles Element des Gartendesigns, und in Suzhou, der »Gartenstadt«, können noch heute auffallende, geometrische Kieselsteinarbeiten besichtigt werden.

Kiesel und Muscheln entfesselten die künstlerische Fantasie der Römer. Oft setzten sie die Materialien zusammen zum Schmuck von Grotten, Höhlen und schattigen Lauben ein.

In Großbritannien war Kopfsteinpflaster besonders im Norden das übliche Pflastermaterial. Naive figürliche Kompositionen sind in Städten wie Lytham St Anne's in Lancashire bis auf den heutigen Tag erhalten geblieben.

Schiefer, Kiesel und Muscheln

Im späten sechzehnten und im siebzehnten Jahrhundert breitete sich eine neue Mode im Gartendesign, die ihren Ursprung in Rom nahm, nach Norden durch Europa aus: zuerst nach Florenz, dann nach Frankreich, später nach England. Künstlich errichtete Grotten oder Naturhöhlen wurden vom Boden bis zur Decke mit Kieselsteinen und Muscheln bedeckt, um schöne Muster zu schaffen. Diese Dekorationen wurden mit grünem Wachs überzogen, als Moos-Imitation.

Die Wände und Böden des Nymphaeum in Lainate in der Nähe von Mailand, das 1580 begonnen wurde, sind mit komplizierten Mustern aus schwarzen und weißen Kieseln bedeckt, die so kunstvoll verlegt wurden, dass die Wirkung an eine strukturierte Tapete erinnert. Die erste Grotte, die um 1627 in England in Woburn Abbey in Bedfordshire gebaut wurde, war die erste von buchstäblich hunderten von anderen Grotten im ganzen Land, die alle auf Entwürfen der italienischen Renaissance beruhten. In Versailles wurde die Grotto de Thétis 1664 fertiggestellt. Im niederländischen Rozendaal in der Nähe von Arnhem besteht eine im siebzehnten Jahrhundert hinzugefügte Muschelgalerie aus einer Reihe von Alkoven, die mit Muscheldekorationen versehen sind, über die Wasser tropft, damit die Farben klar und der Ton düster bleibt.

Die ungewöhnlichen Gärten der Isola Bella, einer Insel im Lago Maggiore in Oberitalien, wurden ebenfalls Mitte des siebzehnten Jahrhunderts in

Schiefer, Kiesel und Muscheln

Form einer riesigen Galeone angelegt. Sie enthalten nicht nur eine Grotte, sondern auch unzählige andere Merkmale, die alle mit komplizierten Kieselarbeiten versehen wurden. Die Handwerker nutzten die überall verfügbaren örtlichen Materialien, indem sie mit Kieselsteinen aus dem See Alkoven schufen und Wege mit einer dekorativen Oberfläche versahen.

Während die Materialien der ersten Grotten gedämpft waren, wurde die Palette aus Muscheln, Kieseln und Felssteinen im Verlauf des siebzehnten Jahrhunderts durch Ammonite, Spat und Quarz, Halbedelsteine, Korallen und Kalktuff, der wegen seines vom Wasser ausgehöhlten Aussehens verwendet wurde, in immer komplizierteren Kompositionen ergänzt. Die Wände und Decken glitzerten mit ihren geologischen Reichtümern, während Kieselsteine sehr beliebt für Böden waren. Die Dekoration dieser Bauten wurde oft der Dame des Hauses überlassen, und da die Bauherren reich waren, konnten sie einheimische Materialien mit exotischen Muscheln ergänzen, die aus Ostindien, der Karibik und Westafrika stammten.

Die Mode des Grottenbaus ließ schließlich nach, aber die verwendeten Materialien hatten sich in Gärten fest etabliert. Ihr Erbe ist in viktorianischen Stein- und Farngärten und am spektakulärsten in dem Werk zweier Kusinen sichtbar. Jane und Mary Parminter, die sich nach einer zehnjährigen Reise durch Europa in Devon niederließen, bauten dort ein sechseckiges Haus, das sie nach ihrem Ge-

Ganz links: Der Boden einer Grotte im italienischen Pistoia besteht aus einer Kombination aus Marmorstreifen, Scherben und dunklen Kieselsteinen, die eine dramatische Komposition mit Rhythmus und Struktur bilden.

Links: Bei dieser geometrischen Grottendecke wurden Seesterne und Muscheln für den regelmäßigen Entwurf verwendet.

schmack einrichteten. Das Ergebnis ist ein mit Muscheln versehenes Wunderding, dessen Wände, Decken und Treppen mit Muschelmustern in Kombination mit Federn, Knochen, Sand, Flechten und zerbrochenem Porzellan versehen sind.

Das Sammeln von Muscheln entwickelte sich im achtzehnten Jahrhundert als Zeitvertreib, und in der viktorianischen Zeit war es eine so beliebte Aktivität, dass Muscheln sogar auf Auktionen verkauft wurden. Angeregt durch die Ausflüge ans Meer, machten Amerikaner und Briten Muschelarbeiten zu ihrem Hobby und versahen alle möglichen Dinge wie Kästen und Rahmen bis hin zu Mauern und kleinen Gebäuden mit Muscheln.

Heute sind Beispiele für moderne und historische Kieselarbeiten noch in Griechenland zu bewundern, speziell auf der Insel Lindos. Zeitgenössische Arbeiten können auch in Teilen Spaniens, Portugals und Lateinamerikas besichtigt werden, wo Kieselarbeiten eine lange Tradition haben. Sie dienen immer öfter zur Schaffung robuster, dekorativer Oberflächen in öffentlichen und privaten Räumen, wobei die Entwürfe von klassischen und figürlichen bis hin zu abstrakten Mustern reichen.

Schiefer, Kiesel und Muscheln

Schiefer im Garten

Schiefer gibt es nicht nur in einem einfachen Grauton, sondern in einem brillanten Sortiment dunkler Töne. Jede Region, in der es Schieferbrüche gibt, hat ihre eigenen subtilen Töne wie Rauchblau, Grün und Rosa. Walisischer Schiefer reicht vom Blaugrau von Ffestiniog bis zum rötlich Lila von Caernarfonshire, während Schiefer aus Pennsylvania einen dunklen blauschwarzen Ton hat und Schiefer aus Virginia wegen des hohen Glimmergehalts besonders stark glänzt. Schiefer kann durch Behandlungen in Schieferbrüchen auch mit feinen Pastelltönen gefärbt werden. Wasser verändert die Wirkung von Schiefer und holt die tieferen Töne heraus, so dass er in der Nähe eines Brunnens oder eines Bachs oder nach einem Regenschauer sehr lebhaft wirkt. Schiefer wird fast überall eingesetzt, angefangen beim Boden von Wintergärten und Arbeitsflächen bis hin zu Gartenurnen und Pflasterarbeiten.

Pflasterarbeiten, bei denen Schiefer waagerecht verlegt wird, sind die leichteste und beliebteste Einsatzmöglichkeit dieses Materials. Man kann verschiedene Muster und Strukturen schaffen, indem Schiefer in Rauten oder Quadrate geschnitten wird und die Verlegung von jeder zweiten Platte im rechten Winkel erfolgt. Für eine noch ungewöhnlichere Wirkung, die aber mehr Arbeit erfordert, können Sie einen Weg verlegen, indem Sie die Schieferplatten senkrecht im Boden versenken.

Die Wirkung eines Schieferweges sollte durch Pflanzen weicher gestaltet werden. Stellen Sie sich einen blaugrauen Schieferweg mit einer Randbepflanzung aus Lavendel nach einem Sommerregen vor oder einen rot-lilafarbenen Schieferweg, der sich im Frühling durch ein Beet mit Dreiblatt (*Trillium sessile*) windet.

Schiefer ist auch ein gutes Kantenmaterial, um einen Rasen abzugrenzen oder ein eigenständiges Element zu bilden. Im Kräutergarten etwa kann Schiefer als Gartenumrandung, aber auch zur Un-

Rechts: Eine zeitgenössische Schieferarbeit von Joe Smith, der bei dieser schottischen Brücke die Farbe und Struktur von Schiefer genutzt hat, um kontrastreiche architektonische Details zu schaffen.

Schiefer, Kiesel und Muscheln

Ganz links: Diese in Schlangenlinienform gebaute Mauer mit einer Abdeckung aus Schiefer ist von lilafarbenen und silbernen Pflanzen umgeben, die die Farbgebung ergänzen. Das Foto wurde nach einem Regenschauer aufgenommen, wenn Schiefer am kraftvollsten wirkt.

Links: Große, aufrecht stehende Schieferplatten dienen in diesem schattigen, mit Farnen bewachsenen Bereich des Gartens als Randsteine.

terteilung des Grundstücks in verschiedene Bereiche eingesetzt werden. Mit seinen klaren Linien verleiht Schiefer eine gewisse Förmlichkeit und Struktur, er wird dunkler im Regen. Die unterschiedlichen Farben von Schiefer bilden den perfekten Hintergrund für eine große Vielfalt an Kräutern, angefangen bei lilafarbenen Salbeiblüten (*Salvia officinalis* »Purpurascens«) bis zu den knopfartigen gelben Blüten des Gänsefingerkrauts (*Tanacetum vulgare*) und den farbenprächtigen lilafarbenen Pompoms des Lauchs (*Allium giganteum*).

In Kombination mit Kieselsteinen und Muscheln wird Schiefer noch vielseitiger – durch seinen glatten dunklen Glanz und die durchgängige Farbgebung ist er ideal für klare Details und Motive geeignet. Mit Schiefer lässt sich auch ein walisischer Zaun bauen – aufrechte Schiefertafeln werden in den Boden gesetzt und mit Draht verbunden.

Zeitgenössische Künstler finden noch mehr Einsatzmöglichkeiten für Schiefer, speziell bei der Herstellung monumentaler, skulpturaler Formen. Diese Formen lassen sich mit Techniken herstellen, wie sie ähnlich auch bei Steinmauern, die ohne Mörtel errichtet werden, eingesetzt werden. Das schroffe Aussehen von Schiefer und seine satten Farben lassen das Material ganz neu erscheinen.

Schiefer – praktische Hinweise

Schiefer ist in Regionen mit Schieferbrüchen erhältlich und kann dort in großen Platten oder als Schnittabfall gekauft werden. Sie können dort den Schiefer zuschneiden lassen. Eine Alternative sind gebrauchte Dachschieferplatten.

Zur Bearbeitung von Schiefer ist nur wenig Werkzeug nötig – ein dünner, breitkantiger Meißel, Schieferhammer, Schiefermesser und eine harte Metallkante. Die beiden wichtigsten Techniken sind das Splitten (ein großes Schieferstück wird mit einem Meißel und einem Schieferhammer in kleinere Stücke zerteilt) und das Zuschneiden. Dabei wird der Schiefer mit Hammer und Meißel oder mit dem Schiefermesser an einer harten Metallkante geformt. Tragen Sie bei diesen Arbeiten immer eine Schutzbrille.

Anfänger sollten mit einem kleinen Pflasterbereich beginnen, den sie mit dünnen Platten auslegen, bevor sie sich an dreidimensionale Arbeiten wagen. Beginnen Sie mit einem kleinen, abstrakten, freistehenden Stück. Wie beim Bau von Steinmauern ohne Mörtel kann man Schieferarbeiten ohne Zement zum Verbinden der einzelnen Platten durchführen. Wenn die Platten sorgfältig platziert werden, setzt sich ihr Gewicht, so dass eine feste, dauerhafte Masse entsteht. Prüfen Sie die Stabilität der Schieferplatten, während Sie das Stück aufbauen.

Schiefer, Kiesel und Muscheln

Kiesel im Garten

Arbeiten mit Kieseln, die ein vielseitiges Medium sind, lassen sich jedem Gartenstil anpassen und bieten eine gute Alternative zu alltäglicheren Pflastermaterialien. Sie haben eine gedämpfte natürliche Palette, die von kohlschwarz bis zu blassen Gelbtönen reicht. Wenn die Kieselsteine verlegt sind, erinnern sie an einen grob gewebten Teppich. Wegen ihres Gewichts werden Kieselsteine meist nur für Wege verwendet, aber kleine Kiesel lassen sich auch in Wände und Decken einarbeiten. Kieselsteine halten Innenräume angenehm kühl.

Die Entwürfe werden durch starke strukturelle Qualitäten und flüssige Linien belebt. Durch ihren klassischen Charakter passen Kieselarbeiten ganz natürlich zu formell angelegten Gärten, aber abstrakte oder geometrische Muster haben eine dramatische Wirkung auf den räumlichen Entwurf moderner Gärten, speziell dann, wenn sie auf zwei kontrastierende Töne beschränkt sind.

Kieselsteinarbeiten müssen sorgfältig eingesetzt werden, speziell in kleinen Räumen, denn durch ihre Struktur, Farbe und Form werden sie zum Konzentrationspunkt. Die grobe Kieselsteinstruktur bildet einen hübschen Kontrast zu Pflanzen mit fedrigen Blättern wie Frauenmantel (*Alchemilla mollis*) mit ihren weichen, samtigen Blättern, zu den feinen Zweigen grünlichgelber Blüten oder zu Ziergras (*Pennisetum villosum*), das blasse, flaumige Borsten hat. Alternativ könnte man für eine wirklich dramatische Wirkung architektonische Pflanzen wie die Edeldistel (*Eryngium proteiflorum*) mit ihren stachligen, silbrigen Deckblättern und den dunklen zapfenförmigen Blütenköpfen einsetzen, *Eucomis comosa* mit seinen kühn gepunkteten Stengeln, den glänzenden Blättern und gelbgrünen ornamentalen Blüten oder die leuchtend pinkfarbenen Pompons von *Allium rosenbachianum*, einer Lauchart.

Das perfekte Design für einen kleinen Garten wäre eine Spirale, die das Auge auf ein Lieblingsstück in der Gartenmitte lenkt, etwa eine Urne oder eine Sonnenuhr. Eine weitere Möglichkeit, Kieselsteinarbeiten in einen kleineren Garten zu integrieren, besteht darin, sie auf einen Bereich zu beschränken, indem man sich etwa auf Stufen konzentriert oder einen Wegrand mit Kieseln abgrenzt.

Kieselsteinarbeiten können sehr persönlich gestaltet werden, indem man etwa eine Reihe von

Rechts: Diese Kieselsteinarbeit inmitten von Birken zeichnet sich durch ihre Einfachheit aus. Kreisförmige und ausstrahlende Linien vermitteln das Gefühl von Raum und Wohlergehen.

Ganz rechts: Ein Merkmal dieser ungewöhnlichen japanischen, mit Kieselsteinen versehenen Mauer ist die hohe Säule in der Mitte, in der sich oben eine große Glaskugel befindet.

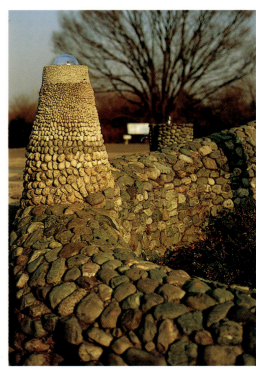

Links: Kieselgruppen, die wegen ihrer herbstlichen Creme- und Rosttöne ausgewählt wurden, sind an Metallstangen befestigt und ergeben einen hohen, spitzen Zaun.

kleinen Quadraten aus Kieseln herstellt, um an familiäre Ereignisse zu erinnern. Diese Stücke können später ergänzt werden. Eine humorvolle Kieselsteinarbeit wäre eine »Fußmatte« aus Kieselsteinen vor der Haustür oder ein persischer Kieselteppich inklusive Fransen auf dem Boden des Gartenhauses sowie leuchtende Wandbilder aus Kieseln.

In großen Gärten können Höfe oder Terrassen mit Kieselsteinen versehen werden, oder man kreiert einen sich schlängelnden Weg. Wenn der Boden von Veranden, Eingängen und Wintergärten den gleichen Bodenbelag erhält, sehen Haus und Garten einheitlich aus.

Kieselsteinarbeiten sind ideal als Umrandung von Teichen und Becken geeignet. Kiesel können auch zur Herstellung von Skulpturen dienen. Wenn man sie durchbohrt, können sie auf Metallstangen geschoben werden.

Kiesel – praktische Hinweise

Die Arbeit mit Kieselsteinen ist schwer. Kleine Stücke können an Ort und Stelle fertiggestellt werden, während sich größere Arbeiten in Teilen herstellen lassen, die dann am eigentlichen Standort zusammengesetzt werden. Man sollte Kieselsteine nur in kleinen Mengen und mit Genehmigung sammeln – Flussbetten sind eine gute Fundquelle. Sammeln Sie Kiesel nie in Naturschutzgebieten. Man kann sie auch in Handwerkermärkten erstehen.

Für Kieselsteinarbeiten brauchen Sie eine Kelle, eine Schaufel (zum Mischen des Zements, in den die Komposition eingebettet wird), Stampfer und Knieschoner. Anfänger sollten mit einem kleinen Stück mit einem einfachen Design beginnen.

Bevor Sie beginnen, machen Sie eine Entwurfsskizze und entscheiden, welche Steinart wo am besten eingesetzt werden soll. Um ein gutes Fundament für einen Kieselboden zu schaffen, bereiten Sie den Untergrund vor, indem Sie den Bereich ausgraben und ebnen. Am Rand setzen Sie Randsteine ein. Legen Sie die Kiesel auf ein Bett aus trockenem Sand, Split und Zement; arrangieren Sie sie und stampfen Sie sie fest. Verfugen Sie Ihr Werk mit einer Masse aus gesiebtem, trockenem Sand und Zement, die Sie mit einem feinen Besen auftragen. Dann feuchten Sie Ihr Werk mit einem Sprühregen Wasser an und lassen es fest werden. Nun versehen Sie es noch mit einer weiteren Schicht Fugenmasse.

Schiefer, Kiesel und Muscheln

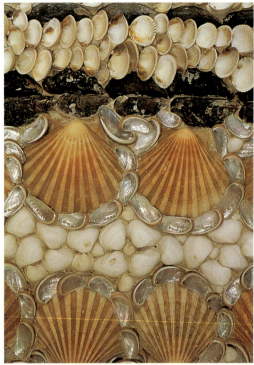

Ganz links: Das Design dieser kreisförmigen Pflasterung von Marc Schoellen hat eine mystische Qualität. Fossile Muscheln gehen strahlenförmig von einer Kristallkugel aus, die auf Goldblatt gelegt wurde.

Links: Ein Detail im Innenraum des Muschelhauses im irischen Ballymaloe weist ein prächtiges Zentralmotiv aus Kammmuscheln auf, die von glitzernden Haliotis-Muscheln umgeben sind.

Muscheln im Garten

Muscheln, die oft lebhafte Farben aufweisen, können zur Herstellung detaillierter Dekorationen verwendet werden. Sie können zur Renovierung alter Dinge und zum Aufhellen langweiliger Stücke dienen, so dass Terrakottatöpfe und Pflanzbehälter aus Kunststoff bis hin zu ganzen Räumen völlig umgewandelt werden. Im Gegensatz zu den meisten Kieselsteinen sind Muscheln leicht genug, um sicher für ein Deckenmuster eingesetzt werden zu können.

Muscheln haben den Vorteil, dass sie sich leicht und schnell verarbeiten lassen – es dauert nur ein paar Stunden, um kleine Objekte wie Fensterkästen aufzupolieren und in kleine Kunstwerke zu verwandeln. Ein einfaches, attraktives Design für einen Muscheltopf besteht aus Kammmuscheln, die als Zentralmotiv vor einem Hintergrund aus kleineren Muscheln in kontrastierender Farbe verwendet werden. Füllt man diesen Topf mit Farn oder Funkien und stellt ihn in einen dunklen Bereich, kann ein nicht weiter beachteter Gartenbereich zum Leben erweckt werden. Muscheln wirken sehr schön, wenn man mit ihnen Pflanztöpfe dekoriert, die nah am oder direkt im Wasser stehen.

Wo wegen einer jungen Bepflanzung nackte Wände vorhanden sind, kann man mit Muscheln schöne Wandbilder schaffen. Wenn Ihre Kompositionen nicht zu auffällig sein sollen, verwenden Sie kleine Wiederholungsmotive wie Kreise, Quadrate, Rauten oder Kreuze in regelmäßigen Abständen, statt die ganze Wand mit Muscheln zu bedecken.

Holz- oder Steinkonstruktionen, von Gartenhäusern bis zu Veranden, sind, ob alt oder neu, ideal für solche Verwandlungen geeignet. Sie können in jedem Maßstab arbeiten und eine Wand, den Boden, die Decke, eine Tischplatte, einen Hocker oder einen Bilderrahmen mit Muschelmustern in allen Farben, Formen und Größen versehen.

Muscheln – praktische Hinweise

Damit Strände nicht erodieren, sollten Sie Muscheln nicht selbst sammeln – verwenden Sie nur Muschelschalen, die etwa in Restaurants anfallen, Kamm- und Miesmuscheln, Austern und Herzmuscheln. Sie können Muscheln auch im Fachhandel kaufen oder in Trödelläden und bei Privatverkäufen fündig werden, wo Sie evtl. alte Muschelketten oder Kästchen finden, die auseinandergenommen werden können.

Schiefer, Kiesel und Muscheln

Die für Muschelarbeiten benötigten Werkzeuge sind Zange und Spachtel. Bevor Sie mit der Arbeit beginnen, waschen und trocknen Sie Ihre Muscheln und ordnen sie nach Größe, Art und Farbe.

Sie können den Entwurf auf ein Stück Spanplatte oder Sperrholz aufbringen, das später in Zement gesetzt wird, oder direkt in Zement arbeiten. Wenn Sie die Muscheln mit der konkaven Innenseite nach unten verarbeiten, muss das Innere evtl. mit einem Allzweck-Füllmaterial gefüllt werden, so dass eine feste Oberfläche entsteht, die sich leichter befestigen lässt. Bei kleinen Objekten bringen Sie die Muscheln mit Fliesenmörtel an. Für den Einsatz draußen oder im Innern von Gartengebäuden sollten Muscheln in Zement verlegt werden. Projekte für Anfänger sind Behälter oder kleine Muscheltafeln, bei denen mit verschiedenen Effekten experimentiert werden kann.

Links: Emma Stablers Muscheldesign für diesen Pflanztopf nutzt die verschiedenen Muschelformen schön aus. Die Messermuscheln sind für die stark linienförmige Dekoration besonders gut geeignet.

GALERIE – Wasserspiele

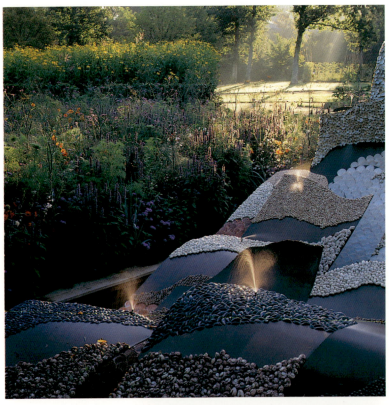

Oben: Für diese sehr zeitgenössische Wasserlandschaft wurde poliertes Metall verwendet, auf dem Muscheln befestigt wurden. Das wellenförmige Design dieser Arbeit ist ein absichtlicher Hinweis aufs Meer, während spielerische Wasserstrahlen dafür sorgen, dass die Muscheln ihre lebhaften Farben behalten.

Rechts: Dieser formelle Gartenbrunnen von George Carter ist eine Referenz an die Grotten und elegante Gartenornamente im achtzehnten Jahrhundert. Er besteht aus vielen verschiedenen Materialien und stellt eine wunderbare Studie von Strukturen dar. Der Bleiurneneffekt wurde mit glasierter Keramik erzielt, während der Hintergrund von einem prächtigen Teppich aus Miesmuscheln gebildet wird.

Mitte: Dieser monumentale Brunnen in Kew Gardens in London setzt sich aus Spiralen aus dünnen Schieferplatten zusammen, die die Zartheit des Materials betonen. Den starken horizontalen Linien der Arbeit steht das sanft herabrieselnde Wasser gegenüber.

Links: Dinge wie dieser Steinhaufen werden immer beliebter und zeigen den Einfluss von Umweltkünstlern wie Andy Goldsworthy. Hier wurden die natürliche Schönheit und die unregelmäßigen Größen der Kieselsteine durch die Gegenüberstellung von verschiedenen Formen und Farben betont, so dass eine natürliche, schöne Komposition entsteht.

Unten links: Diese formelle Kieselsteinkomposition von Julie Toll besteht aus einem starken Gitter aus gekrümmten und geraden Linien, die von Steinkanten definiert werden. Die zufällige Kieselsteinpflasterung verbindet verschiedene Bereiche, währen die satten Farben der Kieselsteine in der mittleren Rinne das Auge auf die Kiesbetten lenken, die mit Alpenpflanzen begrünt sind.

Unten: Bei dieser scheinbar zufällig angeordneten Komposition wurden abgerundeten Kieselsteinen lange, spitze Schieferscherben gegenübergestellt. Wasser rinnt aus einem Rohr in den mit Kieseln ausgekleideten kleinen Teich.

»Kieselsteine sind ein faszinierendes Material, denn jeder ist ein kleines, durch die Kräfte der Natur produziertes Wunder.«

Maggy Howarth

Maggy**Howarth**
Kieselsonnenstrahl

Maggy Howarth hat die alte Kunst der Arbeit mit Kieseln in eine zeitgenössische Kunstform verwandelt. Ihr Werk auf öffentlichen Plätzen und in Privatgärten ist ein Erbe, das die Jahrhunderte überdauern wird. Howarth wurde ursprünglich zur Malerin ausgebildet und war als Bühnenbildnerin tätig. Sie ist eine leidenschaftliche Gärtnerin, und als sie ihren eigenen großen Bauerngarten entwarf, befasste sie sich näher mit Gartenschmuck und Oberflächendesign. Ihre erste Kieselarbeit stellte sie für den eigenen Garten her.

Ihre Ideen stammen aus verschiedenen Quellen – von den Materialien selbst, dem Standort, den das Werk einnehmen wird, und von ihrer Theaterarbeit. Klassisches griechisches und römisches Kieselmosaik, die abstrakten Eigenschaften islamischer Fliesenmuster und portugiesische Pflasterarbeiten zeigen alle ihren Einfluss.

Howarths Technik ist einfach, aber mühselig. Auf stundenlangen Spaziergängen sammelt sie ihre Materialien und ordnet ihre Ernte dann nach Farbe und Größe. Das einfache geometrische Design des fächerförmigen Pflasterbereichs, der gegenüber abgebildet ist, spielt mit Struktur, Farbe und Maßstab und zeigt, wie effektiv ein einfaches Muster sein kann. Für diese kraftvolle Komposition wurden Kieselsteine in abgestaffelter Größe ausgewählt, wobei Struktur und Form mit dramatischer Wirkung eingesetzt wurden. Die Arbeit illustriert perfekt Howarths Standpunkt, dass ein gutes Design »kühn sein und Kontrast aufweisen muss. Es sollte überlegt gewählt werden, aber nicht kleinlich sein.«

Die ausstrahlenden Linien von Maggy Howarths Kieselsonnenstrahl lenken das Auge auf den Sitzplatz im Hintergrund. Das Bild zeigt das Werk vor der letzten Verfugung mit Sand und Zement, durch die die Oberfläche haltbar und praktisch nutzbar wird.

Schiefer, Kiesel und Muscheln

a b c

Trockenzement

a 3 Teile Split
b 2 Teile feiner Sand und Bausand, gemischt
c 1 Teil frischer Zement

Material und Ausrüstung

Spaten, zerbrochene Steine oder Ziegelsteine, grobe Kiesmischung, Vorschlaghammer, Stampfer, Wasserwaage, Split, feiner Sand und Bausand, frischer Zement, langer Holzblock, Plastikkästen, dicke Gummihandschuhe, Plastikabdeckung für feuchtes Wetter, Besen.

1 Bereiten Sie den Standort vor. Entfernen Sie den Mutterboden und füllen Sie den Bereich mit zerbrochenen Steinen oder Ziegelsteinen auf, so dass ein harter Untergrund entsteht. Dieser Bereich sollte etwa 10 cm tiefer liegen als der umgebende Bereich, so dass sich das Kieseldesign schließlich knapp darüber erhebt. Verteilen Sie eine Schicht groben Kies auf dem Boden.

2 Festigen Sie die Oberfläche mit dem Vorschlaghammer, so dass der grobe Kies alle Lücken zwischen den Steinen ausfüllt. Stampfen Sie nun den Untergrund weiter mit dem Stampfer fest, und überprüfen Sie mit der Wasserwaage, ob die Oberfläche eben ist. Sie sollte leicht abgeschrägt sein, damit das Regenwasser ablaufen kann.

3 Tragen Sie eine Schicht Trockenzement auf, die bei normaler Wetterlage fest werden wird. Von diesem Punkt an sollte das Projekt bei gutem Wetter fertiggestellt werden, weil der Trockenzement sonst nass, schlammig und fest wird. Markieren Sie Ihr Muster mit langen Holzlatten und der Kelle, um gerade Linien zu ziehen. Sortieren Sie die Kiesel nach Größe und Farbe in Kästen oder Haufen.

4 Verlegen Sie die Kieselsteine: fest in die Trockenzementmischung drücken. Drücken Sie sie senkrecht hinein, wobei die kleinste Außenfläche nach oben zeigt. Die Steine sollen dicht beieinander liegen. Wenn Sie einen großen Bereich oder ein geometrisches Design arbeiten, kann es hilfreich sein, den Entwurf zu unterteilen oder alle wiederkehrenden Muster zusammen auszuführen, damit sie regelmäßige Abstände haben.

5 Zwischen den Linien aus hellen Kieseln verlegen Sie zwei Reihen dunklere. Bringen Sie die dunklen Kieselreihen in einem leicht nach unten verlaufenden Winkel an, so dass ein leichtes Fischgrätmuster entsteht. Nach dem Verlegen der Kiesel drücken Sie sie mit einem Holzblock fest, damit die Oberfläche eben wird. Nehmen Sie eventuell die notwendigen Anpassungen vor.

Schiefer, Kiesel und Muscheln

6 Wenn Sie fertig sind, besprühen Sie Ihr Werk mit Wasser, damit der Härtungsprozess einsetzt und die Mischung zwischen den Kieseln fest wird. Am nächsten Tag fegen Sie eine Mischung aus drei Teilen feinem trockenem Sand und einem Teil frischem Zement über die Oberfläche. Fegen Sie die Mischung gut in alle Fugen hinein, so dass die Kieselsteine nur noch 1 cm herausragen. So wird die Oberfläche versiegelt. Reinigen Sie die Kieselsteine mit einem feinen Wasserstrahl.

Standort und Befestigung

Nachdem die Kieselsteine verlegt und mit Wasser besprüht wurden, decken Sie den Bereich eine Woche lang mit Plastikfolie ab, damit die Sand- und Zementmischung fest wird und trocknet. Jetzt kann man über die Oberfläche laufen, die jahrelanger Benutzung widerstehen wird. Fegen Sie sie mit einem festen Besen, um Blätter und andere Gartenabfälle zu entfernen. Dieser Kieselbereich ist ein auffallendes Kunstwerk, wenn er von Steinplatten umgeben ist. Sie können ihn auch mit niedrig wachsenden Kriechpflanzen umgeben, wenn Sie die Ränder weicher gestalten wollen, so dass er sich harmonisch in den Garten einfügt.

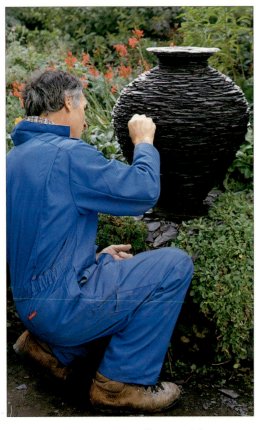

»Ich stelle einfache Formen her, die den Materialien Gelegenheit geben, sich selbst auszudrücken – die Materialien dienen mir als Inspiration.«

Joe Smith

Joe**Smith**
Schieferurne

Der Steinmetz Joe Smith ist in der wilden, stürmischen Landschaft der West Yorkshire Pennines aufgewachsen, eine Region, die er seither gegen die ebenso wilde Westküste Schottlands ausgetauscht hat. Für ihn sind die Landschaft und ihre Materialien eine Quelle ständiger Inspiration.

Die Kunst, Steinmauern ohne Verwendung von Mörtel herzustellen, hat er von einem alten Schäfer erlernt. »Man kann nicht in den Yorkshire Dales leben, ohne sich dieser Mauern bewusst zu sein«, sagt er. Seine Leidenschaft für Stein war so groß, dass er in seiner Freizeit hinausging, um Mauern zu bauen, und bald den Ruf erlangte, ein guter Handwerker zu sein. Heute arbeitet Smith mit vielen Steinsorten, von Granit bis zu Steinen aus dem englischen Lake District; er produziert Arbeiten für den Außenbereich, die von Mauern und Säulen bis zu Brücken und Wasserfällen reichen.

Für seine Arbeiten mit Schiefer verwendet Smith dieselben Techniken wie beim Bau von Mauern ohne Mörtel. Oft verwendet er rezyklierten Schiefer, wobei er die Spuren der früheren Bearbeitung zu schätzen weiß und oft nach einer anderen Einsatzmöglichkeit für sie sucht. Die gegenüber abgebildete Schieferurne muss nicht zementiert werden. Die sorgfältig zugeschnittenen Schieferstücke greifen ineinander, so dass ein monumentales Werk für den Garten entsteht, bei dem natürliche Schönheit und formelle Pracht verbunden sind. Nehmen Sie sich beim Bau der Urne Zeit, damit der Umriss sauber und kräftig wird.

Die grobe, strukturierte Oberfläche von Joe Smiths Schieferurne bildet einen spielerischen Kontrast zu ihrer feinen klassischen Form.

Schiefer, Kiesel und Muscheln

1 Standort für die Urne auswählen: Sie muss dort hergestellt werden, da sie sich danach nicht mehr bewegen lässt. Machen Sie einen Bereich frei, der dem Durchmesser der Urne an ihrer breitesten Stelle entspricht; verteilen Sie Zement darauf, den Sie immer wieder glätten. Legen Sie eine Steinplatte darauf – je älter, desto besser –, die im Idealfall moosbewachsen ist. Mit der Wasserwaage prüfen, ob die Oberfläche eben ist.

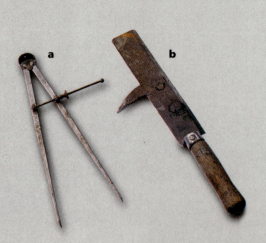

Material und Ausrüstung

Zement, Steinplatte, Wasserwaage, etwa 250 kg Schiefer, Zirkel **a**, Schiefermesser **b**, Metallträger, Hammer, feiner, breiter Meißel, Bohrer mit Steinbohrstück.

2 Markieren Sie einen Kreis von etwa 30 cm Durchmesser auf einem Schieferstück. Legen Sie den Schiefer über eine harte Kante und schneiden Sie die Form mit dem Schiefermesser aus, wobei Sie das Schieferstück drehen. Legen Sie den Kreis als erste Schicht in die Mitte der Steinplatte und schichten Sie nun Schieferstücke auf diesen Kreis.

3 Ein Metallträger ist ein guter Amboss, um den Schiefer mit dem Schiefermesser zu schneiden. Drücken Sie das Messer senkrecht auf den Schiefer, um einen sehr glatten Schnitt zu erhalten.

4 Bauen Sie die Schieferschichten in langsam größer werdenden Kreisen auf, so dass die Urnenform entsteht. Sie wird insgesamt etwa 60 cm hoch sein. Prüfen Sie, ob der Umriss noch immer symmetrisch ist, und nehmen Sie gegebenenfalls Anpassungen vor.

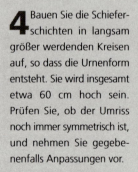

5 Um den Schiefer in kleinere Stücke zu spalten, verwenden Sie Hammer und einen feinen, breiten Meißel. Klopfen Sie mit dem Meißel entlang der gewählten Spaltlinie, und achten Sie dabei auf das Geräusch, das entsteht, wenn sich der Schiefer öffnet. Halten Sie das Schieferstück zwischen den Füßen fest, damit es nicht verrutscht. Tragen Sie feste Stiefel oder Wanderschuhe, falls der Meißel wegrutscht.

Schiefer, Kiesel und Muscheln

6 Zum Schluss stellen Sie zwei Ringe als oberen Abschluss der Urne her. Schneiden Sie zwei Schieferkreise zu und markieren Sie mit dem Zirkel in der Mitte von beiden einen Innenkreis. Bohren Sie etwa 20 Löcher um jeden Innenkreis herum, bevor Sie das Zentrum vorsichtig mit einem Schlosserhammer heraushämmern. Geben Sie zur Befestigung etwas Zement oder Mastix unter die Kreise, wenn die Urne an einer sehr windigen Stelle steht.

Standort und Befestigung

Ein Vase dieser Größe wirkt schön an einem formellen Standort, beispielsweise in der Mitte eines Hofes, wo die symmetrischen Linien betont werden. Wird sie hingegen an eine verwitterte Wand gestellt, wird ihre schroffe Struktur offensichtlich. Zartes und fedriges Blattwerk bildet einen hübschen Kontrast zur dichten Form der Urne.

Künstlerverzeichnis

Alle in diesem Buch vorgestellten Künstlerinnen und Künstler übernehmen Auftragsarbeiten.

Lizzie Farey
(S. 88–91)
8 Threave Road
Rhonehouse
Castle Douglas
Schottland DG7 15A
+44-1556-680473
Korbflechterin

Ron Fuller
(S. 70–73)
Ron Fuller Toys
Willow Cottage
Laxfield
Woodbridge
Suffolk IP13 8DX
+44-1986-798317
Spielzeughersteller

Myrna Gray
(S. 44–47)
The Old School
The Hill
Littleborne
Canterbury
Kent CT3 1TA
+44-1227-721832
Skulpturen aus verschiedenen Medien

Jason Griffiths
(S. 92–95)
Higher Tideford
Cornworthy
Nr Totnes
Devon TQ9 7HL
+44-1803-712387
Schlagholzarbeiten

Thomas Hill
(S. 22–25)
Top Floor
3/11 Westland Place
London N1 7LP
+44-171-250 3008
Drahtskulpturen von Tieren

Maggy Howarth
(S. 132–135)
Cobblestone Designs
Hilltop
Wennington
Lancaster LA2 8NY
+44-1524-274264
Pflasterungen aus Kieselmosaik

Jon Mills
(S. 26–29)
42a Robertson Road
Brighton BN1 5NJ
+44-1273-235810
Schmiedekünstler

Cleo Mussi
Cleo Mussi
(S. 110–113)
Uplands Cottage
99 Slad Road
Stroud
Gloucester GL5 1QZ
+44-1453-762539
Mosaikkünstlerin

Rebecca Newnham
(S. 114–117)
Palmerston
Kingston
Ringwood
BH24 3BG
+44-1425-474736
Zwei- und dreidimensionale Mosaike

Joe Smith
(S. 136–139)
Prestige Stoneworks
Milton
Crocketford
Dumfries DG2 8RJ
+44-1556-690632
Steinmetzarbeiten

Sue Woolhouse
(S. 48–51)
Studio 3, Level 1
Ouseburn Warehouse Workshops
36 Lime Street
Newcastle Upon Tyne NE1 2PN
+44-191-261 4434
Designerin und Glaskünstlerin

Kristy Wyatt Smith
Kristy Wyatt Smith
(S. 66–69)
99a Newington Green Road
London N1 4QY
+44-171-359 5646
Kombinierte Möbel und Automaten

Weiterführende Literatur

Weiterführende Literatur aus unserem Verlag

Metall

Arline Fisch
Textile Techniken in Metall für Schmuck-herstellung, Textilkunst und Bildhauerei

Philippe Clérin
Die Stahlplastik
Ein Theorie- und Anleitungsbuch zum plastischen Arbeiten mit Metallen

Glas

Keith Cummings
Ofengeformtes Glas
Geschichte – Techniken – Objekte

Bettina Eberle
Faszination Glas
Ein Arbeitsbuch für Glass Fusing, Glasmalerei und Flammenarbeit mit Glas

Cindy Jenkins
Glasperlen
Vom einfachen bis zum anspruchsvollen Projekt

Holz

Roger Holmes
Techniken der modernen Holzbearbeitung
Ein Anleitungsbuch für einfache und anspruchsvolle Holzarbeiten

Tracy Marsh
Holzarbeiten aus aller Welt
Ein Anleitungsbuch für kreative Holzprojekte

Josepmaria Teixidó i Camí
Jacinto Chicharro Santamera
Skulpturen aus Holz
Eine Einführung in Kunst und Technik der Holzbildhauerei

Dick Burrows
Grundlagen der Holzbearbeitung
Praktischer Einstieg in Holzbearbeitung, Werkzeuge, Hölzer und Verbindungen, mit 18 Möbelschreinerarbeiten

Antony Denning
Holzschnitzen
Eine Einführung mit 12 Schnitzprojekten

Flechten

Elizabeth Jensen
Korbflechten – Das Handbuch
Körbe aus 147 Pflanzen

Flo Hoppe
Flechten mit Peddigrohr
Projekte, Techniken, Designs

Heinrich Kunz
Peddigrohrflechten
Ein Freizeit-und Arbeitsbuch mit vielen Anregungen und 291 Abbildungen

Bernard und Regula Verdet-Fierz
Anleitung zum Flechten mit Weiden
Ein Lehrgang für Anfänger und Fortgeschrittene

Mosaik

Joaquim Chavarria
Mosaik
Ein umfassendes Anleitungsbuch für einfache und anspruchsvolle Projekte

Martin Cheek
Mosaik
Das Ideenbuch

Monika M. Leithner
Mosaik sehen und gestalten
Geschichte – Materialien – Projekte

Walter Läuppi
Stein an Stein
Technik des Mosaiks für Laien und Künstler

Index

Kursiv gedruckte Seitenzahlen verweisen auf Abbildungen.

A
Adams, Peter *65*
Adirondack Mountains 78
Ägypten, das alte 6, 54-55
Aluminium 17
Anderson, Paul *64*
Arts and Crafts Movement 6, 12, 100
Ätzen von Glas 41

B
Bahnschwellen 58
Bänke:
   Gusseisen *13*
   Holz *64–65*
   Wildholzbank 92, *92–95*
Bauerngärten 58, 83, 102
Baumhäuser 57
Behälter:
   Mosaik 102, *103*
   Muschelarbeiten 128
Beleuchtung 42
Blech 16
Blechdosen, rezyklierte 16, 20
Blei 10, 11, 32
Bögen:
   aus Holz 61
   Metallarbeiten 14, *15*
   Schlagholz 84
Braque, Georges 100
Briefkasten aus Holz 53
Bronze 10
Brücken:
   Holz 56
   Schiefer 124
Brunnen:
   Glas 38
   Mosaik 106, *107*
   Muschelarbeiten 130–131
   Schiefer 130–131
Buntglas 32, 33, 36, 37, 41
byzantinisches Mosaik 98-99, *98*, 114

C
Canterbury Cathedral *33*
Carter, George *62, 130*
Cézanne, Paul 100
Chagall, Marc 100
China 121
Chinoiserie 56

Chippendale, Thomas 56
clairvoyée 16

D
de la Hey, Serena 79
Dougherty, Patrick 79, *81*
Drahtarbeiten 8, 10, 18, *18, 19, 21*

E
Eisenarbeiten 9, 10–11, *11*, 12, *13*, 14, 15, *15*
englischer Landschaftsgarten 56, 78

F
Farbstoffe 54
Farey, Lizzie 88, *88–91*
Farnbilder 48, *48–51*
Felber, Richard *62–63*
Fisch, Drahtarbeit 22, *22–25*
Flechtwerkschutzschirme 83
Francs, Barbara *21*
Frankreich 11
Freeman, Andrea 30
Freeman, Peter 42
Fuller, Ron 70, *70–73*

G
Gartenhäuser 78, 80, 84
Gaudí, Antonio 100, *100, 101*
Geschichtliches:
   Glas 32–35
   Holz 54–57
   Kiesel und Muscheln 121–123
   Metall und Draht 10–13
   Mosaik 98–100
   Schiefer 120
   Weidenruten und Schlagholz 76–79
Gewächshäuser 34–35, *35*
Glas 31–51
   Farnbilder 48, *48–51*
   Geschichtliches 32–35
   Glasnetz 44, *44–47*
   praktische Hinweise 40–41
   Schutzschirme 37, 42
   Skulpturen *38, 38–39, 39, 30, 41, 42, 43*
Glasmalerei 41
Glasmobiles 38
Glasnetz 44, *44–47*
Glocken 34, 35
Goldfinkenwindspiel 70, *70–73*
Gray, Myrna 44, *44–47*

Griechenland 98, 121, 123
Griffiths, Jason 92, *92–95*
Grotten 122–123, *122, 123*
Grüner Mann (Maske) *16*
Gusseisen 12, *13*, 15

H
Hampton Court 10
Haselnuss, Schlagholz 76, 77
Hausnummer 26, *26–29*
Heinrich VIII., König von England 55
Heligan, Cornwall *35*
Hicks, Ivan *106*
Hill, Thomas 22, *22–25*
Hoffmann, Josef 100
Holz 53–73
   Geschichtliches 54–57
   Goldfinkenwindspiel 70, *70–73*
   im Garten 58–62
   Möbel 56, 58–59, *64–65*
   praktische Hinweise 62–63
   Schrank für draußen 66, *66–69*
   Skulpturen *59*
Holzdecks 61
Howarth, Maggy 132, *132–135*
Hühnerdraht 18, *21*
Hundehütte aus Holz 62

I
Isidore, Raymond *105*
Isola Bella 122–123
Italien 55, 122–123

J
Jardin des Plantes, Paris 34
Jarman, Derek 15
Jugendstil 12, 100

K
Kieselsonnenstrahl 132, *132–135*
Kieselsteine *118–119*, 119
   Geschichtliches 121–123
   im Garten 126–127
   Mosaik *121, 122*
   Pflasterarbeiten *126–127, 126*
   praktische Hinweise 127
   Skulpturen *131*
   Sonnenstrahl 132, *132–135*
Klimt, Gustav 100
Knox, Margot *103*
Kristallpalast, London 34
Kupfer *14*, 17

L
Landschaftsbewegung 56, 78
Laternen:
   Glas 38
   Metallarbeiten *13*
Laubengänge:
   Holz 59, 61
   Schlagholz 77, 77, 83
   Weidenruten 80
Ludwig XIII., König von Frankreich 11

M
Mackintosh, Charles Rennie 12
Maison Picassiette, Chartres *105*
Matisse Henri 100
Mauern:
   Mosaik 104
   Muschelarbeiten 128, *128*, 130
Merran, James 17
Mesopotamien 98
Metallarbeiten 9–29
   Drahtfisch 22, *22–25*
   Geschichtliches 10–13
   Hausnummer 26, *26–29*
   im Garten 15–16
   praktische Hinweise 17
   Skulpturen 20–21
mexikanischer Muralismo 100
Mills, Jon 26, *26–29*
Minimalismus 6, 102
Möbel:
   Drahtarbeiten 18
   Holz 56, 58–59, 64-65
   Metallarbeiten 16
   Mosaik 104, *104*, 106
   Schlagholz 78, 83, *85*, 92, *92–95*
   Schrank für draußen 66, *66–69*
   Weidenruten 78, 82
Moderne 12, 82, 83
Morris, William 12
Mosaik 97–117
   Brunnen 106, *107*
   Figuren 110, *110–113*
   Geschichtliches 98–100
   im Garten 102–106
   Kieselsteine *121, 122*
   Möbel 104, *104*, 106
   Mosaikscheibe 114, *114–117*
   Pflasterarbeiten 104, *105, 108–109*
   praktische Hinweise 106–107
   Skulpturen *97*
Mosaikfiguren 110, *110–113*

Index

Mosaikscheibe 114, *114–117*
Murano 32
Muschelhaus, Ballymaloe 128
Muscheln 119, 123
  Geschichtliches 121–123
  im Garten 128
  praktische Hinweise 128–129
  Wasserspiele 130
Mussi, Cleo *107, 108,* 110, *110–113*

N
Neonlichter *42*
Newnham, Rebecca *97,* 114, *114–117*
Nonsuch Palace 55
Nymphaeum, Lainate *120–121,* 122

O
Obelisken 15
O'Gorman, Juan 100
Orangerien 34
Otten, Kate *105*

P
Parminter, Jane und Mary 123
Parnham House, Dorset 59
Parque Güell, Barcelona 100, *100, 101*
Pavillons 15
Paxton, Joseph *35*
Pearl, David *37*
Pergolen 15, 55, 61
Pflanzenschilder aus Metall 16
Pflanzenstützen:
  Holz 61
  Schlagholz 85
  Spaliere 55, 61, *87*
  Weidenruten 81, *82*
Pflanzschalen 12
Pflasterarbeiten und Wege:
  abgesägte Baumstämme 61
  Kieselsonnenstrahl 132, *132–135*
  Kieselsteine 126–127, *126*
  Mosaik 104, *105,* 108–109
  Muschelarbeiten 128, *129*
  Schiefer *124*
Pflastersteine 121
Pompeji 98, *99*
Poussin, Gaspard 78

Q
Quinta da Regaleira, Sintra *99*

R
Rahmen für das Beschneiden von
  Bäumen und Sträuchern 18, 55, 81
Raphael 99
Ravencroft, George 32
Ravenna 98–99, *98*
Recycling:
  Glas 38–39
  Holz 57, 58, 63
  Metall 17
  Mosaik 106–107
  Muscheln 128
Renaissance 55, 99, 122
Rivera, Diego 100
Rodia, Simon 100
Roman de la Rose 10
Römer 32, 55, 77, 98, *99,* 102, 121
Rozendaal 122

R
Sandstrahlen von Glas 41
Schiefer 119, *119, 120*
  Geschichtliches 120
  im Garten 124–125
  praktische Hinweise 125
  Spalten 138
  Urne 136, *136–139*
Schieferurne 136, *136–139*
Schlagholz 75
  Geschichtliches 76, 77–78
  im Garten 83–85
  Möbel 78, 83, 85, 92, *92–95*
  praktische Hinweise 85
  Schutzschirme 85, 87
  Tore *79,* 84–85, *85*
  Wildholzbank 92, *92–95*
Schmiede 10–11, 13
Schmiedeeisen 9, 10, *11,* 12, 14, 15, *15*
Schoellen, Marc *128*
Schofield, Sandy *40*
Schrank für draußen 66, *66–69*
Schurman, Killian *41*
Schutzschirme:
  Flechtwerk 83
  Glas 37, *42*
  Metallarbeiten 16
  Schlagholz 85, 87
  Weidenruten *86–87*
Seurat, Georges 100
Sicherheit:
  Glas 41
  Metallarbeiten 17

Skulpturen:
  Drahtarbeiten 18, 21
  Drahtfisch 22, *22–25*
  Glas 38, *38–39, 39,* 40, 41, *42, 43*
  Holz 59
  Kieselsteine 127, *127*
  Metallarbeiten 15–16, *20–21*
  Mosaik *97*
  Schiefer 125
  Weidenruten 80–81, 82, *82,* 88,
    88–91
Smith, Joe *124,* 136, *136–139*
Smyth, Anne *37*
Spaliere 55, 61, 87
Spiegelmosaik 104, 106
  Mosaikscheibe 114, 114–117
Stabler, Emma *129*
Stahl 17
  Hausnummer 26, *26–29*
Staketzaun 61
Statuen *siehe* Skulpturen
Sykes, Steven 100

T
Teiche 40, 106, 127
Thompson, Sophie *20*
Tiffany, Louis Comfort 100
Tijou, Jean 10–11
Till, Rupert *21*
Tobin, Steve *39*
Toll, Julie *131*
Tore:
  Holz 60, 61
  Schlagholz *79,* 84–85, *85*
  Schmiedeeisen 9, *15*
Treibholz 58
trompe l'oeil, Mosaik 104, 106
Truman, Jan *43*
Tudor-Gärten 55
Tull, Julie *64*

V
Van Nost, Jan 11
venezianisches Glas 32
Versailles 11, 122
Vogelhäuser aus Holz 62, 63
Vogelscheuchen 16, 20
Volkskunst aus Holz 57, 62
Voysey, C.F.A. 12

W
Wandbilder aus Muscheln 128, *128,* 130
Wasserspiele:
  Brunnen 38, 106, *107, 130–131*
  Schiefer, Kiesel und Muscheln
    130–131
  Teiche 40, 106, 127
Watson, Philip *102*
Watts Towers, Los Angeles 100
Weidenhütten 80
Weidenkugel 88, 88–91
Weidenruten 75–95
  Geschichtliches 76–79
  Hütten 80
  Möbel 78, *78,* 82
  praktische Hinweise 82
  Schutzschirme *86–87*
  Skulpturen 80–81, 82, *82,* 88, *88–91*
  Weidenkugel 88, *88–91*
West, Clive 65
Wetterfahnen 15, *17*
Wildholzbank 92, *92–95*
Windspiele 62
  Goldfinkenwindspiel 70, *70–73*
Wintergärten 34–35
Woodford, Johnny 65
Woolhouse, Sue 48, *48–51*
Wyatt Smith, Kristy 66, *66–69*

Z
Zäune:
  Holz *60,* 61
  Schiefer 125
  Schlagholz *79,* 84–85, *85,* 87
  Weidenruten 81
Zaungeflecht 81
Zinnblech 17

Widmung Für meine Mutter Jean

Danksagung der Autorin Zuerst möchte ich all den Künstlerinnen und Künstlern danken, die so großzügig ihre Zeit zur Verfügung gestellt und mit ihren Kenntnissen zu diesem Buch beigetragen haben. Mein Dank geht auch an Rosemary Hill für ihre Ermutigung und ihre klugen Ratschläge, Jill Chisholm für ihre unerschütterliche Freundschaft, David Cox für die Fotoaufnahme von mir, meine Freunde und Kollegen bei der Zeitschrift *Crafts* für Ihre Geduld und Unterstützung und schließlich an Stuart Cooper, meinen Lektor, der mir die Gelegenheit gegeben hat, dieses Buch zu schreiben.

Danksagung des Verlags

Der Verlag möchte folgenden Fotografen und Organisationen für die Genehmigung zur Reproduktion der Fotos in diesem Buch danken: 1 Shannon Tofts (Künstlerin: Lizzie Farey); 2–3 Michele Lamontagne/Cords sur Ciel, Frankreich; 7 Melanie Eclare/Maat Llewellyns Garten (Design: Ivan Hicks); 8 Jacqui Hurst; 9 Helen Fickling/Interior Archive; 10 mit Genehmigung der British Library/flämische Illustration aus La Roman de la Rose; 11 Andrew Lawson; 12 Christian Sarramon; 13 links, Richard Felber; 13 rechts, Gary Rogers; 14 links, Clive Nichols (Design: Jan Truman CSMA Garten/RHS Hampton Court); 14 rechts, Richard Felber; 15 Gary Rogers; 16 links, Marijke Heuff; 16 rechts, Clay Perry/The Garden Picture Library; 17 James Merrell/Country Homes and Interiors/ Robert Harding Syndication; 18–19 Helen Fickling (Standort: Natalie Bell/Design: Rene Slee); 20 links, Mark Bolton (Gartendesign: Duncan Skene, Somerset-Vogel von Neil Pickering); 20 rechts, Andrew Lawson (Bildhauerin: Sophie Thompson); 20 unten, Chris Potter/ Bradley Gardens, Northumberland (Design: Andy McDermott); 21 links, Jacqui Hurst (Bildhauer: Barbara Hurst); 21 rechts, Jacqui Hurst (Bildhauer: Rupert Till); 31 Andrew Lawson (Design: Ivan Hicks); 32 Bridgeman Art Library (Cotehele House, Cornwall); 33 Ronald Sheridan/ Ancient Art & Architecture Collection (Canterbury Cathedral); 34 links, Gary Rogers; 34–35 Hauptbild, Edifice/Lewis; 36 Edifice/ Darley; 37 links, Anne Smyth/Crafts Council; 37 rechts, D. Pearl/Crafts Council; 38 Skulptur von Peter Layton – Glashersteller, London; 38–39 Hauptbild, Andrew Lawson (Stone Lane Gardens, Chagford, Devon); 39 rechts, Glasskulptur von George Erml; 40 Sandy Schofield Fine Art; 41 links, Michael Blake/The Coachhouse Garden, Dublin Castle (Bildhauer: Killian Schurman); 41 rechts, J.S. Sira/The Garden Picture Library (Kew Gardens); 42 oben links, Peter Freeman; 42 rechts, Clive Nichols/Garten- und Sicherheitsbeleuchtung; 42 unten links, Clive Nichols (Design: Jonathan Ballie); 43 links, Clive Nichols/ CSMA Garten/RHS Hampton Court (Design: Jan Truman); 43 rechts, Richard Felber; 53 Jerome Darblay/Inside; 54 Bibliothèque Nationale, Paris (MS Arsenal 5070,f.168); 55–56 Gary Rogers; 57 Edifice/Lewis; 58 Gary Rogers (Design: Mark Anthony Walker); 59 links, Clive Nichols/Parnham House Garden, Dorset (geschnitztes Krokodil von Jerry Burgess); 60 Richard Felber; 61 Michele Lamontagne; 62 links, Marianne Majerus (Design: George Carter); 62–63 Mitte, Richard Felber; 63 rechts, Richard Felber; 64 links, John Glover/RHS Chelsea (Design: Julie Toll); 64 rechts, Andrew Lawson (Design: Paul Anderson); 65 oben links, Marijke Heuff/The Garden Picture Library; 65 oben rechts, Bankskulptur von Peter Adams, Australien; 65 unten, Nicola Browne (Design: Clive West und Johnny Woodford); 74 Jacqui Hurst; 75 Sunniva Harte; 76 The British Architectural Library/RIBA London; 77–78 Andrew Lawson; 79 Juliette Wade/Priory d'Orsan, Frankreich; 80 links, Andrew Lawson/Stone Lane Gardens, Chagford, Devon; 80 rechts, Andrew Lawson/ Roche Court, Wiltshire; 81 Jill Billington/ Yorkshire Sculpture Park (Skulptur von Patrick Dougherty); 82 links, J.C. Mayer – G. Le Scanff; 82 rechts, Jacqui Hurst (Design: Serena de la Hey); 83 Ray Main; 84–85 Hauptbild, John de Visser; 85 oben rechts & unten rechts, Richard Felber; 86 links, Michele Lamontagne (Festival des Jardins de Chaumont-sur-Loire, (41) Frankreich); 86 rechts, John de Visser; 87 oben links, Brigitte Perdereau (Festival des Jardins de Chaumont-sur-Loire, (41) Frankreich); 87 oben rechts, John de Visser; 87 unten, Richard Felber; 97 Rebecca Newnham Mosaics; 98 Erich Lessing/ AKG; 99 links, Erich Lessing/AKG; 99 rechts, Marion Nickig/Quinta da Regaleira, Portugal; 100 Erica Craddock/The Garden Picture Library/ Parc Güell, Barcelona; 101 Deidi von Schaewen/ Parc Güell, Barcelona, Spanien; 102 Jerry Harpur (Design: Philip Watson, Virginia); 103 Andrew Lawson (Design: Margot Knox); 104 Richard Felber; 105 links, Helen Fickling (Standort: Natalie Bell/Design: Kate Otten); 105 rechts, Helen Fickling/The Interior Archive/ Maison Picassette, Chartres, Frankreich; 106 links, Marianne Majerus/Groombridge Place (Design: Ivan Hicks); 106 rechts, Jerry Harpur (Design: Bob Clark); 107 Jacqui Hurst (Design: Cleo Mussi); 108 links, Design: Cleo Mussi/ Treppe für das Colchester Hospital; 108 rechts, Deidi von Schaewen; 109 oben links, Helen Fickling/ Interior Archive/Maison Picassette, Chartres, Frankreich; 109 oben rechts, Mark Whitfield (Mosaik von Andrea Peters/The Pea-Green Pottery, Islington, London); 109 unten, Andrea Jones/Kinderspielplatz, Showakinen Memorial Park in der Nähe von Tokyo, Japan (Design: Fumiaki Takano); 120 links, Nicholas Tosi/Stylist: Bernard Houillat/Marie Claire Maison; 120–121 Hauptbild, Simon Upton/World of Interiors/The Condé Nast Publications Ltd.; 121 rechts, Edifice/Keate; 122 Simon McBride; 123 Michele Lamontagne; 124 Jacqui Hurst (Design: Joe Smith); 125 links, Mark Bolton/ Mr. und Mrs. John Bracey, »Scypen«, South Devon; 125 rechts, Brigitte Perdereau; 126 links, Andrew Lawson/Stone Lane Gardens, Chagford, Devon; 126 rechts, Andrea Jones/Showakinen Memorial Park in der Nähe von Tokyo, Japan (Design: Fumiaki Takano); 127 Michele Lamontagne/ Festival des Jardins de Chaumont-sur-Loire, (41) Frankreich; 128 links, Marianne Majerus (Design: Marc Schoellen); 128 rechts, Gardens Illustrated/Melanie Eclare (Ballymaloe Cookery School); 129 Marianne Majerus (Design: Emma Stabler); 130 oben links, J.C. Mayer – G. Le Scanff, Festival des Jardins de Chaumont-sur-Loire, (41) Frankreich (Design: Thomas Boog & Patrick Bailly); 130 unten links, Marianne Majerus (Design: George Carter); 130–131 Hauptbild, Jackie Townsend/Insight Picture Library (Design: Daniel Harvey); 131 oben rechts, Helen Fickling/Festival des Jardins de Chaumont-sur-Loire, (41) Frankreich; 131 unten rechts, Clive Nichols/RHS Chelsea (Design: Julie Toll); 131 ganz rechts, Michele Lamontagne/ Festival des Jardins de Chaumont-sur-Loire, (41) Frankreich. Unser Dank geht auch an Mrs. June Fawcett und Mrs. Imogen Luxmore, die es uns gestattet haben, in ihrem Garten zu fotografieren.

Die englische Originalausgabe erschien unter dem Titel »Gardencrafts« von Geraldine Rudge

Copyright © 1999 für den Text: Geraldine Rudge
Copyright © 1999 für Design und Layout: Conran Octopus Ltd., GB-London
Copyright © 1999 für Spezialfotografien: Jacqui Hurst

Aus dem Englischen übersetzt von Beate Gorman, Cleveland, Australien

Satz der deutschen Ausgabe:
Thomas Heider, D-Bergisch Gladbach

Die deutsche Bibliothek – CIP-Einheitsaufnahme

Gartenobjekte : Ideen und Projekte aus Metall, Glas, Holz und Stein / Geraldine Rudge. Fotografien von Jacqui Hurst. – Bern ; Stuttgart ; Wien : Haupt, 2000
   Einheitssacht.: Gardencrafts <dt.>
   ISBN 3–258–06108–4

Alle Rechte vorbehalten
Copyright © 2000 für die deutsche Ausgabe by Paul Haupt Berne
Jede Art der Vervielfältigung ohne Genehmigung des Verlags ist unzulässig